はじめての人におくる般若心経

横田南嶺

春秋社

まえがき

般若心経を解説してほしいと頼まれたことは何度かありました。しかし、今までは丁重にお断りしていました。般若心経の解説は難しいものです。理論的に解説するのも難しいですが、仮に解説しても、それを理解したからといって、般若心経が分かったとは言えないからであります。

般若というのは智慧のことですが、これは分別の知恵ではなく、無分別の智慧です。あれこれと説明して解釈してしまうと、それは分別の知恵になってしまうのです。無分別の智慧は、理論的な解釈では届かないのであります。そこで、般若心経の解説を頼まれてもお断りしていたのでした。

学生時代に般若経典を勉強していましたが、勉強すればするほど般若の智慧から遠ざかってしまうというもどかしさを、ずっと味わっていました。それだけに、解説は難しいと思っていたのでした。

ところが、そんな気持ちを一変させることがありました。二〇二一年に「親ガチャ」という言葉が、ユーキャンの新語・流行語大賞のトップテンに選出されたのでした。「親ガチャ」という言葉を、私はそれまで知りませんでした。意味は、生まれてくる子は親を選べないということで、それを「ガチャ」というゲームの仕組みに譬えたそうなのです。生まれる際に親や家庭環境を選べないというのは事実ですが、これは、よい環境でないとき、ハズレだという場合に使われることが多いと聞きました。思い通りにゆかない原因を「ガチャ」に外れたと、なんとも言えないあきらめを表しているようなのです。

こんな言葉が流行していることを知って、私の心に火がつきました。「よし、般若心経を講義してみよう。今こそ空の心を説いてみよう」と思ったのでした。

お釈迦様は「生れによって賤しい人となるのではない。生れによってバラモンとなるのでもない。行為によって賤しい人ともなり、行為によってバラモンともなる。（スッタニパータ・一四二）」と説かれています。変化することのない、固定した自己などはないと説かれたのです。

この、変化しないものはない、固定した実体などはないというのが、空の原義であります。仏教では、自己というのは、諸々の構成要素によって仮に現れた幻影のようなものにすぎないと説かれます。裏を返せば、条件によってはいかようにも変化し得るのです。

お釈迦様は、「この世の中には四種類の人々がある。闇より闇に赴く人々。闇より光に赴く人たち、光より闇に赴く人たち、および光より光に赴くものがそれである」とも説かれました。

自分の思うはずではなかったというような境遇にあっても、条件が変わることによって、闇から光へと変わることもできるのです。一見して劣悪な環境、境遇だと思われているなかに生まれながらも、立派な高僧になった方はたくさんいらっしゃいます。空なればこそ、いかようにも変化してゆけるのです。

しかし、逆を言えば、よいところに生まれ、よい境遇に生まれ、何不自由ない暮らしをしていながら、その行いや言動によって、闇へと転落をしていく場合もあります。それだから、行動と言葉と思いに気を付けて生きるのであります。

そんな次第で、般若心経を説いてみよう、特に若い人たちに伝えてみようと思い立ったのでした。そこで、まずは私が総長を務めている花園大学で講義をしました。この本はその講義をまとめたものです。二〇二二年四月から十二月にわたる全六回の講義をまとめました。

花園大学は、もともとは臨済禅を学ぶための学校ですが、今や文学や歴史、福祉など、いろいろな分野を学ぶ方も多いのです。この講義も仏教学専門の学生を対象にしたものではなく、一般学生を対象にしたものです。ですから、なるだけ分かりやすいようにと心がけて講義をしました。『はじめての人におくる般若心経』というタイトルにした由縁であります。仏教の話などには馴れていない学生を対象としていますので、同じことを何度も繰り返して説いています。繰り返し説くことで、少しでも仏教的なものの見方に親しんでもらいたいとの思いです。冗長に感じるかもしれませんが、ご海容願います。

講義を始めた年には、世界では戦争が起こりました。国内でもさまざまな問題は後を絶ちません。学校のいじめ、不登校、自死、格差社会、そして「親ガチャ」等々、いずれもその根底には、分別があり、差別がございます。分別知には限界があると思わざるを得ないのです。この閉塞感を打破するのは、まさに般若の智慧だと確信しています。

本書の出版にあたっては春秋社の小林公二社長、編集部の豊嶋悠吾部長と柳澤友里亜さんにはお世話になりました。また校正作業においては、円覚寺の蓮沼直應師には御労煩をおかけしました。多くの皆様のおかげで上梓できることに感謝いたします。

令和五年十一月

横田南嶺

摩訶般若波羅蜜多心經

觀自在菩薩行深般若波羅蜜多時照見五
蘊皆空度一切苦厄舍利子色不異空空不
異色色即是空空即是色受想行識亦復如
是舍利子是諸法空相不生不滅不垢不淨
不增不減是故空中無色無受想行識無眼
耳鼻舌身意無色聲香味觸法無眼界乃至
無意識界無無明亦無無明盡乃至無老死
亦無老死盡無苦集滅道無智亦無得以無
所得故菩提薩埵依般若波羅蜜多故心無

罣礙無罣礙故無有恐怖遠離一切顛倒夢
想究竟涅槃三世諸佛依般若波羅蜜多故
得阿耨多羅三藐三菩提故知般若波羅蜜
多是大神咒是大明咒是無上咒是無等等
咒能除一切苦真實不虚故說般若波羅蜜
多咒即說咒曰
羯諦羯諦　波羅羯諦　波羅僧羯諦　菩提薩婆呵
般若心經

為世界平和　萬民和樂

圓覺　南嶺　淨寫

摩《ま》訶《か》般《はん》若《にゃ》波《は》羅《ら》蜜《みっ》多《た》心《しん》経《ぎょう》

観《かん》自《じ》在《ざい》菩《ぼ》薩《さつ》行《ぎょう》深《じん》般《はん》若《にゃ》波《は》羅《ら》蜜《みっ》多《た》時《じ》照《しょう》見《けん》五《ご》蘊《うん》皆《かい》空《くう》
度《ど》一《いっ》切《さい》苦《く》厄《やく》舎《しゃ》利《り》子《し》色《しき》不《ふ》異《い》空《くう》空《くう》不《ふ》異《い》色《しき》色《しき》即《そく》是《ぜ》空《くう》
空《くう》即《そく》是《ぜ》色《しき》受《じゅ》想《そう》行《ぎょう》識《しき》亦《やく》復《ぶ》如《にょ》是《ぜ》舎《しゃ》利《り》子《し》是《ぜ》諸《しょ》法《ほう》空《くう》相《そう》
不《ふ》生《しょう》不《ふ》滅《めつ》不《ふ》垢《く》不《ふ》浄《じょう》不《ふ》増《ぞう》不《ふ》減《げん》是《ぜ》故《こ》空《くう》中《ちゅう》無《む》色《しき》無《む》受《じゅ》
想《そう》行《ぎょう》識《しき》無《む》眼《げん》耳《に》鼻《び》舌《ぜっ》身《しん》意《い》無《む》色《しき》声《しょう》香《こう》味《み》触《そく》法《ほう》無《む》眼《げん》界《かい》
乃《ない》至《し》無《む》意《い》識《しき》界《かい》無《む》無《む》明《みょう》亦《やく》無《む》無《む》明《みょう》尽《じん》乃《ない》至《し》無《む》老《ろう》死《し》亦《やく》
無《む》老《ろう》死《し》尽《じん》無《む》苦《く》集《しゅう》滅《めつ》道《どう》無《む》智《ち》亦《やく》無《む》得《とく》以《い》無《む》所《しょ》得《とく》故《こ》菩《ぼ》

提《だい》薩《さっ》埵《た》依《え》般《はん》若《にゃ》波《は》羅《ら》蜜《みっ》多《た》故《こ》心《しん》無《む》罣《けい》礙《げ》無《む》罣《けい》礙《げ》故《こ》無《む》
有《う》恐《く》怖《ふ》遠《おん》離《り》一《いっ》切《さい》顛《てん》倒《どう》夢《む》想《そう》究《く》竟《きょう》涅《ね》槃《はん》三《さん》世《ぜ》諸《しょ》仏《ぶつ》依《え》
般《はん》若《にゃ》波《は》羅《ら》蜜《みっ》多《た》故《こ》得《とく》阿《あ》耨《のく》多《た》羅《ら》三《さん》藐《みゃく》三《さん》菩《ぼ》提《だい》故《こ》知《ち》般《はん》
若《にゃ》波《は》羅《ら》蜜《みっ》多《た》是《ぜ》大《だい》神《じん》呪《しゅ》是《ぜ》大《だい》明《みょう》呪《しゅ》是《ぜ》無《む》上《じょう》呪《しゅ》是《ぜ》無《む》等《とう》
等《どう》呪《しゅ》能《のう》除《じょ》一《いっ》切《さい》苦《く》真《しん》実《じつ》不《ふ》虚《こ》故《こ》説《せつ》般《はん》若《にゃ》波《は》羅《ら》蜜《みっ》多《た》呪《しゅ》
即《そく》説《せつ》呪《しゅ》曰《わつ》
羯《ぎゃ》諦《てい》羯《ぎゃ》諦《てい》波《は》羅《ら》羯《ぎゃ》諦《てい》波《は》羅《ら》僧《そう》羯《ぎゃ》諦《てい》菩《ぼ》提《じ》薩《そ》婆《わ》訶《か》
般《はん》若《にゃ》心《しん》経《ぎょう》

目次

第4講　宇宙よりも広い心――是諸法空相……117

本書内の『般若心経』の漢訳訓読文とサンスクリット語現代語訳はすべて、中村元・紀野一義訳『般若心経・金剛般若経』（岩波文庫）から引用しています。また『スッタニパータ』は中村元訳『ブッダのことば』（岩波文庫）から、『法句経』については原則として中村元訳『ブッダの真理のことば・感興のことば』（岩波文庫）から引用しています。

はじめての人におくる般若心経

第1講　世界は変わる——無常・無我

私が変われば世界が変わる

「空」という思想が、般若心経で説かれています。空っぽという字を書きます。その「空」という思想、考え方を学ぶとどうなるかというと、私は「世界が変わる」と言いたいのです。私が変われば世界が変わる。皆さん、どうですか。どう思いますか。

「いや、私が変わったからといって、世界は変わらない」と思いますか。そのような気持ちも分からないではありません。私が変わったからといって、今の戦争が終わるかというと、終わらないでしょうし、私が変わったからといって、外の工事の音が消えてなくなるかというと、それも消えてなくならないでしょう。

しかし、「私が変われば世界が変わる」ということはあるのです。たとえばこんな川柳がございます。

渋滞が　うれしい彼女　送る道

私も講演などでは車で出かけることもあります。車は便利なものですけれども、やはり困るのは渋滞です。あらかじめ何時何分という約束があるのに、一つも車が動かない。下手をすると一時間ぐらい止まってしまいます。他にすることもないし、高速道路などではどこかに逃げることもできませんから、じっと待っているしかありません。渋滞などというものは苦痛でしかありません。

しかし、その苦痛だという渋滞で、もし隣に好きな彼女がいればどうでしょうか。「いや、もうずっと渋滞のままの方がいい」というくらいの気持ちになるのではないでしょうか。好きな彼女と一緒にいられる時間が増えるわけですから。「このままずっと渋滞であってくれたらうれしい」と、渋滞は幸せな時間です。その人にとって、その時間は幸せな世界を生きているのです。

逆に、目的地に急いでいて、何時何分の約束に間に合わなければならないという気持ちでいたならば、渋滞は地獄です。また、嫌な人、自分にとって苦手な人と一緒に乗っていたならば、それはますます地獄のような時間になるでしょう。

ですから同じ渋滞でも、渋滞そのものは変わらないかもしれませんが、自分がそのなかでどのような気持ちでいるかによって、自分のいる世界は変わるのです。このような変わり方です。

世界は変わらないと見るか、変わると見るか、この二つの見方によって、生き方は大きく変わってきます。「世界はもう変わらないんだ」ということになれば、あまりやる気は起きないかもしれません。しかし「世界は変わる」という見方もあります。まず、この「空」ということの意味は、変わるものである、変わらないことはないのだ、ということなのです。お釈迦様の言葉、『スッタニパータ』にある古い言葉を挙げましょう。

つねによく気をつけ、自我に固執する見解をうち破って、世界を空なりと観ぜよ。そうすれば死を乗り超えることができるであろう。このように世界を観ずる人を、〈死の王〉は見ることがない。

（スッタニパータ・一一一九）

このような言葉を、お釈迦様が説かれています。この「世界を空なりと観ぜよ」と、そのようなものの見方を、これから学んでいきたいのです。

その第一歩として、世界は変わらないものではない、変わるものだという認識を持ってほしいのです。それによって、生き方は大きく変わってきます。

皆それぞれが違う世界に住んでいる

私たちは、何か、世界という特別なものがあって、そこに私たちが生まれて住んでいるように思うのですけれども、仏教で説かれている世界というのは、私たちが見たり聞いたりして感じている世界をいうのです。自分の身体——眼、耳、鼻、舌、それから皮膚——で感じる世界。すなわち「自分一人の人間が自分の感覚器官で見渡せる世界、周囲的な世界」（立川武蔵『般若心経の新しい読み方』春秋社）です。こういう世界に私たちは生きているのです。

たとえば同じ場所にいて、同じ話を聞いていると思っていても、見ているものも聞いているものもそれぞれ違います。「そんなことあるか」と思うかもしれませんが、これを証明するのは難しいことではありません。

たとえば、この話が終わった後に、もし皆さんに「見ていた景色を絵に描いて下さい」と画用紙を渡したら、皆、違う絵を描くでしょう。写真とは違いますから、見えているものは違うのです。私に興味のある人がいれば、私のことをよく見て、「今日はこういう衣装を着ていた」と、その色までを覚えているでしょう。けれども私のことなどに興味関心のない人にとっては、私の姿などはあまり絵に描けないと思います。建物に興味関心のある人であれば、「これはどういう建物であろうか」と、柱や、天井の構造まで描けるかもしれません。ここにいる人のことばかり気にかけているような人にとっては、もう建物の絵も描けないでしょう。

聞いている話の内容なども、まさしくそうでしょう。「今日の話はどんな話でしたか」と聞くと、皆、違うことを言います。「渋滞の話をしていたな」と言う人もいるでしょう。渋滞の話ではなくして、「空」の話だったと言ってくれるとうれしいのですが、皆さん方にとってはおそらく「彼女と一緒にいると渋滞がうれしい」と、「今日の話はそんな話だった」ということが残っているかもしれません。なかには、もっと違うことを聞き取っている人もいます。皆、聞いていることは全部違うのです。

ですから、仏教の見る世界というものは、「皆それぞれが違う世界に住んでいる」と見るのです。このような見方です。このような見方をするとよいと、私は思います。なぜよいかというと、よく著名人が離婚会見をすると、必ず言うことがあります。「考え方が違いました」「価値観が違いました」と。

そのようなことは、一緒になる前から分かっているのです。見る世界も、聞く世界も、考える世界も、まったく違う世界に住んでいる者同士が一緒に暮らさなければいけないのが結婚なのでしょう。同じ考えをしているとか同じ価値観を持っている、そのようなことはあり得ないと見るのです。どうでしょうか。このようなものの見方です。

そのような世界だというように見ていけば、その世界を変えることはできます。「苦しい、苦しい」と思っている人は苦しい世界を生きていくでしょうし、「うれしい、楽しい」と思っている人はうれしい、楽しい世界を生きていくのです。

私が変わることによって、実にこの世界は変わっていきます。この世界は変わる。そのことがまず、空ということの一つの意味なのです。そこで、このような言葉があります。

嫌な人はいない　嫌だと思っている自分がいるだけ

いかがですか。「そんなことはない、あの人は嫌だ」という人もいるでしょうけれども、嫌な人がいるのではなく、「嫌だ」と思っている私がいるだけです。これは仏教の言葉ではありませんが、仏教的な見方だと思っています。

「嫌な人、嫌な人」と思っているかもしれませんが、ひょっとしたらその人はいい人かもしれません。何らかのきっかけで「あの人は私に親切にしてくれて、本当はいい人なんだ」と変わる場合があります。そのように変わると、その人と一緒にいる時間は変わってきます。

絵・横山由馨

それまで「嫌な人だ、嫌な人だ」と思って一緒にやっていると、その時間は苦痛でしかなかったでしょうけれども、「いや、あの人はそうでもないな。親切なところもあるな」と気が付くと、世界はがらりと変わります。

たとえば、上の絵を見て、何と思いますか。これはいろいろな見方ができます。

鬼が襲ってきていると見える人もあるでしょうし、この鬼は自分の子供を守っていると見える人もあるでしょう。鬼は笑顔で手を広げていると見える人もあるでしょうし、怒っていると見える人もあるでしょう。

見る人の見方によって、鬼は変わってくるのです。鬼が襲ってくるのか、子供を守っているのか、笑顔で手を広げているのか、その正しい姿というものは見えません。むしろ、空の思想においては、「これが正しい」という見方はないのです。その時々の条件によって変化するものである。このような見方が、空の見方です。

どうしようもない鬼がいるというわけではありません。では、よい鬼かというと、よい鬼だとも限りません。いろいろな状況によって、いろいろな場面によって、変化していきます。これを「実体がない」と言いました。この鬼はこういう性格なのだと、固定した、ずっと変わらない性格のようなものが中核にあるとは見ないのです。ということは、鬼は変化するのです。見る人によって変化します。接し方によって変化します。

このような見方は、皆さんも持っておくと役に立つかもしれません。「嫌な上司」も同じだと言いたいのです。そのように思っていても、少し見方を変えてみると、家庭ではいい人だったりするかもしれません。「嫌だ、嫌だ」と思っていたけれども、案外、私のために一生懸命教えてくれていたのかもしれません。本当に嫌でどうしようもないという場合もあるでしょう。そのときは、職場を変えるなり、他の人に相談するなり、やはりどうにか対処しなくてはなりませんが。

行いによって変化する

ものの見方を変えることによって変わっていきます。この「変化していく」ということを、仏教では「無常」といいます。それから、たとえば「嫌な人」というような、固定した、変わることのない性格などはなく、変化していく。それを「無我」、あるいは「実体がない」といいます。「空」を勉強するときに一番分かりにくいのが、この「実体がない」ということです。すなわち、常に変化する、条件によって変わるということです。

条件によって変わる。このことを、できるだけ仏教学や仏教の用語を使わずに話したいと思うものの、「因縁《いんねん》」という言葉ぐらいは覚えてほしいのです。因は「原因」、縁は「条件」です。原因と条件によって変化します。固定性がないのです。不変性はないのです。このような見方です。条件によって変化する。これがやはり、お釈迦様が説こうとされた教えの一番の根本にあると思います。

といいますのは、お釈迦様の教えが説かれたのは、紀元前の五世紀、今から二千五百年余り昔、古代インドの時代です。「カースト」という言葉を聞いたことがあるかと思いますが、カースト制度とは、いわゆる人種差別です。紀元前何千年もの昔、アーリア人がヨーロッパからインドに入ってきて、現地の人を征服していきました。いつの時代もこのようなことは起こるのでして、そうして現地の人たちは虐げられます。武力によって制圧した側の者たちは、自分たちを高貴な生まれだといって、身分を差別していくわけです。

そうして、その差別は変わりません。よいカーストに生まれた人はずっと、よい待遇を受けて生きていけます。これは、よい生まれの人にとってはいいかもしれませんが、逆に虐げられる立場に生まれたならば、ずっと虐げられ続けなければなりません。このような社会がいいと思いますか。

お釈迦様の教えの根本は、そのような固定したものの見方をうち破るところにありました。「違う」と言ったのです。

生れによって賤《いや》しい人となるのではない。生れによってバラモンとなるのでもない。行為によって賤しい人ともなり、行為によってバラモンともなる。

（スッタニパータ・一四二）

バラモンとは、最も上の階級の人たちのことを言います。これは極めて優遇された、恵まれた、生涯を保証された生き方でありましょう。それが当時のインドの社会では、生まれながらにして保証されて、そしてそれは変わることがありません。

しかし、お釈迦様が一番言いたかったことは、「そうではない。人間は行いによって変わるのだ」と。行いによって変化するという考え方、これがやはり、空ということの一番の基にあると思います。この自己も世界も、行いによって変わる。このように見た方がよいと思い、私はずっと仏教を学んでおります。

自分とはなにか

ここで、和田重正先生の本にあるお話をしたいのです。自分とは何であるかということを、皆さんに考えてほしいのです。

名前はお母さんのおなかから生まれてからつけられたものですが、そのとき、目に見えない〝心〟に重正という名をつけたのだとは思えません。やはり生まれて来た肉体につけられたものなのではないでしょうか。しかし、その肉体は一日一日変化して行きます、それでも名まえは変化する肉体の先へ先へとついて行きます。いったいこんなことがどういう約束から行われるのでしょう。〝もの〟が違っているのに同じ名で通用するとは、どういう事でしょうか。

こうして考えると名前とは、肉体や心以外のなにか変わらないものがあって、それにつけられたのではないかと思いたくなります。自分と思っているものも、生まれたときから今日まで、変わらないなにかを指しているのではないかと考えたくなります。この考えをもっと推しすすめて行くと、自分という肉体や心のもっと奥の方にある〝なにか変わらぬもの〟が、生まれる前からあり、死んだ後にもあると考えたくなります。

実際昔から多くの人々は、目に見えない自分の本体といったような塊《かたまり》を想像して霊魂などと称し、他人の霊魂と自分の霊魂とを区別したり、いろいろおもしろい話を作って悪をおさえ、善を奨励するのに役立ててきました。

しかし、それとはまったく異った考えもあります。つまり、前の考えは「自分」という本体は変わらず、その表面の色や形が変化するというのですが、そうでなく「これが自分」というべきものはなにもない、本体もヘチマもなんにもなくて全部が一秒の休みもなく変わっている、そしてただ、自分と感じる仕組みがあるだけであり、その仕組みも一秒の休みもなく変化している、という考えもあります。

（和田重正『葦かびの萌えいずるごとく』地湧社）

自分とは何であるか。はじめに書かれてあるのは、「生まれたときから今日まで、変わらないなにか」が自分のなかにあると思う生き方です。先ほどのカースト制度などは、まさしくこのような考えでしょう。生まれながらにして変わることのないバラモンという身分であったら、ずっとそのよい身分のまま生き続けるのでありましょう。

そしてまた「〝なにか変わらぬもの〟が、生まれる前からあり、死んだ後にもある」と考えるのです。死んだ後にも存続していく、このようなものを、本体や実体、あるいは霊魂、アートマンなどといいました。何か変わらない、自分の中に中核となるようなものがあるのです。それが、繰り返しますけれども、よい生まれの人にとってはいいかもしれませんが、虐げられた立場の人にしてみれば、たまったものではないでしょう。

このような、当時のインドの社会にあったバラモン教の考え方に対して、「違う」と言ったのが仏教の考え方です。お釈迦様の教え、特にこれから学ぶ般若心経の「空」の考えには、「これが自分だ」というべきものは何もないわけです。

「全部が一秒の休みもなく変わっている」。これが自分だと感じる仕組みがあるだけであって、しかも、その仕組みも、一秒の休みもなく変化し続けているという、このような考え方です。変化し続けているのです。自分という変わらない塊があるのではなく、自分というものを感じる仕組みだけがあるのです。

皆さん方も、何か、これが自分だというものを感じていると思います。何となれば、名前で呼ばれれば「はい」と返事をしますし、今持っているペンなどでも「これは自分のペンだ」と思っています。他にも「自分の衣装」や「自分の身体」と思っています。しかし、いつからそう思うようになったのでしょうか。このようなことを考えると、それは「物心ついた頃から」ということがよく言われます。

確かに、物心ついた頃に何となしに、手を動かそうと思えば手は動くし、歩こうと思えば足が動くし、この身体というのは自分のものだという感じがしてくるのでしょう。そうすると、自分の身体があって、その外は自分とは違うものということになります。

幼稚園にでも入る頃には、「これはあなたのシャツよ」「あなたの靴下ですよ」「お兄さんのものと間違っちゃいけませんよ」と言われ、学校に行くようになれば、「自分の荷物にはきちんと名前を書きましょう」「これがあなたのものですよ」と、そのようにして「自分」や「自分のもの」といったものの考え方を植え付けられていきます。

しかしそこに、「それは本当だろうか」と、仏教はメスを入れたのです。「自分」や「自分のもの」というのは、実はそのように考える仕組みだけがあるのではないかと。

本体なるもののない世界――ヴァーチャル・リアリティ

般若心経には膨大な解説書があります。そのなかで竹村牧男先生のものを紹介しましょう。

私たちがあると思っている「もの」、それは五感によってとらえられたものでしょう。しかし五感という、視覚・聴覚・嗅覚・味覚・触覚というものを考えたとき、それは外のものを直接ありのままに写し取っているというより、脳がつくり出した映像を見ている等にすぎないのかもしれません。見たり聞いたりが脳のはたらきのとき、見られたもの、聞かれたものは、脳によってつくり出されたものと考えられます。

そうすると、すべての経験は、ただ脳の作用のみで、すべての経験世界は、実は映像的世界、ヴァーチャル・リアリティなのだということになります。実はそこに本当の存在はない、本体なるものはないということになるでしょう。

（竹村牧男『般若心経を読みとく』角川ソフィア文庫）

先ほどお話をしたように、私たちは皆、バイアスといいますか、自分の都合のいいようにものを見ています。そして、その見たり聞いたりしているものとは、脳の働きです。ですから、見られたもの、聞かれたものは、実は脳によって作り出された影を見ているにすぎない、このような見方です。ある人は「それは『マトリックス』ですね」と言いました。そのような映画があるそうですね。それはつまり、すべての経験はただ脳の作用のみである。すべての経験世界は、実は映像的世界、ヴァーチャル・リアリティなのだ。そこに本当の存在はない。本体なるものはないのだという考え方です。

これは「空」の説明としては実に適切なものです。いきなりこのようなことを言われて、ちょっとついていけない、という方も多いと思いますが、これから、このようなものの見方を、時間をかけて学んでいきたいのです。

私がこのような見方を、お若い人たちにお話ししておきたいと思うのは、現実のこの世界において、ひょっとすると生きづらさを感じているかもしれないと思うからです。なかには、誹謗《ひぼう》中傷をされたりして、落ち込んでしまう場合もあるかもしれません。さらに言えば、落ち込むどころか、もう生きる気力もなくなってしまうこともあるかもしれません。

しかし、そのように誹謗中傷をされたり、あるいはSNS等々でひどい仕打ちを受けたとしても、そんなものは単なるヴァーチャル・リアリティでしかない、幻影にすぎないという見方ができたならば、そのような苦しみからは解放されるのです。それらを実在であると思っていたならば、苦しみが尽きることはないでしょうけれども、そんなものはただの幻にすぎない、そのように否定され続けるような自分なんてものは、どこにもありはしないという見方ができれば、ふっと苦しみが軽くなります。

ですから仏教というものは、皆さん方が順風満帆に幸せに生きているときには、それほど必要とされないかもしれません。ですが、思うようにいかなかったり、この社会から否定されるようなどん底に落ちたようなときには、「何だ、本体なんてものはどこにもありはしない。こんなものは単なるヴァーチャル・リアリティにすぎない」というような見方によって、もう一度、リセットしてやり直すことも可能となるのです。

駄目な自分というのは思い込みにすぎない。駄目だと言っている向こうの彼も幻影にすぎない。また変化する。やり直すことができる。また新しい映像世界を作り上げていくことができると、そのような見方をしていれば、それほど絶望的になることもないのではないかということを、お伝えしたいと思ったのです。

それで、「空」というものの考え方について、これからお話ししていきます。繰り返しお話ししていくと、最後の方には、すべてはヴァーチャル・リアリティで、そこに本体なるものはない、「実体はない」という考え方が、少しずつ分かってくるのではないかと思っております。

無明を離れる

ここで、般若心経に入る前に、仏教の基本的な考え方をもう少し学びたいと思います。

これは、『法句経《ほっくきょう》』（ダンマパダ）という、お釈迦様の直接の教えに最も近いとされるものを集めた古いインドの経典を、佐々木閑先生が私たちに分かりやすく訳してくれたものです。

「すべての存在に、自我なるものはない」（諸法無我）と智慧《ちえ》によって見る時、人は苦しみを厭い離れる。これが、人が清らかになる道である。

（法句経・二七九、佐々木閑『ブッダ100の言葉』宝島社）

先ほどお話ししたように、変わることのない自分などというものは存在しない、実体のある世界などは存在しないと、このような智慧によって、人は苦しみから離れるというのです。般若心経を学ぶことによって、人は人生のこの苦しみから逃れることができる。そして、それが「人が清らかになる道である」というのです。

佐々木先生は、「無明に支配されている人は、『諸行無常』が理解できず、そのために『自分＝自我』というものに対して誤った認識を持つ。『この世には自分という、不変の実体が存在している』という思い込みである。そしてその思い込みを土台にして世界観を創作し、自分に都合のいいようにものを見る」と解説されています。

無明《むみょう》とは、真理が分からないことをいいます。無知と言ってもいいでしょう。単に何も知らないのではなく、無常ということが分からないことです。

「実体がある」「ひどいやつはもうずっとひどいやつだ」「自分はずっとこんな自分のままだ」と、そのような考え方をしている人のことを、無明に支配されていると言います。そういう人というのは、諸行無常——すべては変化する——ということを受け入れたがらない方が多いように思います。変化を受け入れて、柔軟に対応して生きていくことができれば、人生の苦しみはかなり軽減されます。

コロナ禍という数年余りの間には、急激な変化がありました。あまりに急激な変化でしたから、われわれには少し戸惑いがあったのでしょうが、しかし大きな流れで捉えれば、このようにして世の中というものは、世界も自分も、丸ごと皆、変化していくのです。

ですから、この世に「自分」という不変の実体が存在していると思い込むのは、誤った認識です。これは何度も言いますように、自分を駄目だと思う人にとって「駄目な自分というものが変わらずにある」というような見方は、苦痛なものです。そのようなことはありません。自己は変化するのです。また、このような考え方でいれば、たとえよい思いをしていても、「これは一瞬のことであるから」と、それほど思い上がることもないと思います。

自分というものに対する誤った思い込みを土台として、世界観を創作して、自分に都合のいいようにものを見ている。これが、迷っている様子です。当時のバラモン教は、人類を大きく四つのカーストに分けて、支配する者と支配される者というように完全に分断した世界観を作り出していました。しかしお釈迦様は、そもそも自己というものはないのである、それは、見たり聞いたり感じたりすることによって、自分でつくり上げた映像にすぎず、自分中心に世界を捉えるのは愚かの極みであると説きました。それを「諸法無我」と説いたのです。

つくられるものはうつろいゆく

空ということを学ぶ前段階として、無常と無我ということについてお話ししていきたいと思います。仏教の三つの根本的な教えを「三法印《さんぼういん》」といいます。

諸行無常《しょぎょうむじょう》　あらゆる現象は変化してやまない
諸法無我《しょほうむが》　いかなる存在も不変の本質を有しない
涅槃寂静《ねはんじゃくじょう》　迷妄の消えた悟りの境地は静かな安らぎである

ここに「一切皆苦《いっさいかいく》（この世のすべては苦しみである）」を加えて「四法印《しほういん》」と言ったりしますが、分かりやすく言うと、「つくられるものはうつろいゆく」のです。

「つくられるもの」とは、「今、隣で工事をして新しい校舎を作っている」というような意味ではなく、仏教的なものの見方では、あらゆるもの、われわれが認識するものはすべて「つくられたもの」です。この建物も当然つくられたものですが、大地もそうです。何らかの二つ以上の物事が合わさってできるものすべてを「つくられたもの」といいます。

お互いの身体もそうです。両親がいて、たくさんの細胞が合わさってつくられたものです。本もそうです。紙もそうです。庭に転がっている石ですら、あれは別に誰かがつくったわけではないでしょうけれども、火山の噴火や海面の上昇など、何らかの条件によってつくられたものです。

仏教において、つくられたものではないのは、この空間です。空間はつくられたものではありません。それから、お釈迦様の完全な涅槃（悟り）の世界はつくられたものではないと説きますが、それ以外、私たちが見たり感じたりするものは全部、つくられたものです。それらはすべてうつろいゆくのです。

つくられるものは　移りゆく

この世にあるもの　ひとりあらず
己なき者に　やすらいあり

自分だけで独立して存在するものはない。ということは、何らかの条件が合わさって存在するのです。そして「己なき者」、変わることのない自分などはないのだと気が付いた者には、本当の安らかさがある。これが仏教の基本です。

一刹那ごとの変化——諸行無常

「諸行無常」から詳しくいきましょう。無常とは、常ではない、永続性を持たないということです。「われわれが目にするすべては移ろいゆくものであり、一瞬たりとも留まることはない（『仏教辞典』）」のです。

しかも、それはどれぐらいの時間で変化するかというと、一瞬のことです。仏教では最も短い時間の単位を「刹那《せつな》」といいます。七十五分の一秒に相当すると言われます。一秒間に七十五回も変化しているのです。

そのようなことを、よく蛍光灯で説明するのです。蛍光灯というものは、本当は点滅しています。古い蛍光灯でだんだん弱ってくると、ちかちかしてきます。けれども、あれは弱ってくるとちかちかするのではなく、元々ちかちかしているのです。ただ、そのちかちかが速くちかちかしているから、われわれにはずっと点いているように見えるのです。本当は点滅を繰り返しているのです。

今われわれが目にしているこの椅子や床やこの建物も、本当は今も変化しているのですが、われわれの目には見えません。おそらくこの建物も、もう三十数年になるでしょうが、三十年前と今とでは違うはずです。三十年の変化は目に見えるでしょう。おそらく今から五十年も経てば、もっとあちこち擦り減ったりもするでしょう。しかしその変化というのは、三十年経ってぱっと変化するのではないでしょう。毎日毎日変化しながら、三十年も経つと、変わったように見えるのです。

ですから、厳密に言えば、一秒ずつ変化しながら、ただ、その変化が小さいから、われわれの目には同じようにしか見えないのです。しかし、三十年、あるいは五十年、百年経てば、もうまるで違っているかもしれません。途中でリニューアル工事でもすればもつでしょうけれども、そうでもしない限りは変化していきます。

お互いの身体もそうです。一日で変わるどころか、仏教の説く時間では、一秒のうちに七十五回も変化しているのです。坐禅をして精神が敏感になっていくと、本当にそれぐらいの変化も見えるようになるのでしょう。私は、一秒間のうちの七十五回の変化など、とてもじゃないですが分かりません。昨日と今日の違いぐらいは分かります。

このようなお釈迦様の言葉があります。

この身は泡沫のごとくであると知り、かげろうのようなはかない本性のものであると、さとったならば、悪魔の花の矢を断ち切って、死王に見られないところへ行くであろう。

（法句経・四六）

この身体は、泡沫《うたかた》、泡のようなもの、かげろうのようなものだと知る。このような見方をするのは、私はよいことだと思います。われわれの年代になってよく実感することですが、元気で、病気もしたことのない健康自慢の人が弱ります。それは自信があるからです。そのような人は、自分はずっと元気だと思い込んでいるのです。そうして健康管理などあまりしませんから、案外、急にがたんといったりします。しかし「自分の身体というものは弱いものだ。いつ何が起こるか分からない。毎日毎日変化していくのだ」と思っている人は、気を付けながら暮らします。そうすると、結果的に長生きする場合があります。

私なども偉そうなことを言っていて、自分の変化が分かりませんでした。先日、人間ドックに行ったところ、眼の検査をするように言われました。見えるものだと思っていました。近視は仕方ないものとしても、眼圧がどうのこうのと言われて、もう緑内障というのが出ているのです。自分では分からないのです。そのようなことは、もし自分の眼というものはだんだんと変化していくものだ、弱っていくものだということが分かっていれば、ひょっとしたらもう少し紫外線を浴びないようにしたりと、注意できたのかもしれません。けれども、お恥ずかしながら、ずっと同じように見えている、たまに視力が落ちるくらいのことしか思わなかったものですから、変化に気が付かなかったのです。

しかし、変化に気が付いて生きるという方が、私は賢明だと思います。一切のつくられたものは無常です。無常であるということは、苦しみであり、思うようにいかないものです。変化というものを、われわれは苦痛と感じることが多いのです。それゆえに、ついつい私たちは、変わることのない我はいないと、このように見てしまいます。けれども変わらない自分などは存在しないということに気が付けば、安らかな心境に達すると、お釈迦様は言います。仏教の基本というのは、このような見方です。無常であり、無我であることに気が付けば、心の安らぎが得られる。思い切り簡単にすると、こうなります。

柔軟に生きていく――諸法無我

続いて「諸法無我」です。諸法とは、あらゆるものです。我とは、何遍もお話ししてきたとおり、永遠不変の本質、変わることのない実体を指しますが、そのようなものがないと見ていくのです。

すべてのものは、直接的にも間接的にも、さまざまな原因と条件（因縁）が働くことによって生じます。その条件がなくなれば滅するし、条件が変われば、また変化していきます。何ら変わることのない実体というようなものはないのです。

そうすると、自己というものにそれほど執着をするというのは、むなしいことだということです。常に変化していくのですから、その上で柔軟に生きていくことができます。般若心経の「空」の生き方とは、分かりやすく言うと、こだわりなく生きるということです。とらわれなく生きるということです。

しかし、こだわりなく生きるとは、難しいですね。私は仏教を学んで、こだわりなく生きるように努力しました。しかしこだわりなく生きるということは、時として軋轢《あつれき》を生むこともあります。最近、このことを実感しました。先の花園大学の入学式で、学長がグローバル化における「根無し草」の話をしてくれました。確かにこだわりがないというのはよいのかもしれませんけれども、まったくこだわりがなくなると、これもまた根無し草になってしまうのでしょう。こだわりをすべて否定するというのは、やはり軋轢を生みますし、それもまた一つのこだわりになりかねません。

人はいろいろなこだわりを持って生きています。しかし、そのこだわりに縛られることはないのです。こだわりの仕組みを知って、こだわりにこだわることなく、柔軟に生きていくということが般若心経の「空」の生き方だと申し上げたいのです。

さて、「無我」という言葉を、私たちはよく使います。『広辞苑』を引くと、これらの意味が出てきます。

① 我意のないこと。無心なこと。私心のないこと。「─の愛」
② 我《われ》を忘れてすること。「─の境」「─夢中」
③〔仏〕我《が》の存在を否定すること。無常・苦と共に仏教の根本思想の一つ。我は人間存在や事物の根底にある永遠不変の実体的存在（アートマン）。「諸法─」

一般的に使うのは、「無我夢中」などと、②の場合が多いでしょうか。しかし仏教で説く場合、この意味とはかなり異なります。仏教で説いているのは③の意味です。「我の存在を否定すること」。

「我《が》」については、繰り返しお話ししてきました。本体、霊魂、自我などと言い換えられます。しかしそのようなものを、仏教では「ない」と説いたのです。そのようなものを否定することによって、執着、すなわちこだわりから解放されると説いたのが、お釈迦様の「無我」という教えです。

変わることのない自分などというものはないのです。ですから、ＳＮＳで誹謗中傷されたとしても、そのように誹謗中傷される自我というものは永遠に存在するものではない、かげろうを見ているようなものなのだという見方です。

この「無我」というものは、無常という考え方、あるいは一切が苦しみであるという考え方とともに、仏教の根本思想の一つです。永遠不変の実体的存在はないという見方です。

私という現象

では、「自我」とは何なのか。これを、五蘊《ごうん》であると、般若心経では説いています。自我はどのようにしてつくり上げられていくのか。その仕組みを究明していきますと、それは、五つの要素によって形成されるものなのです。

五蘊　色・受・想・行・識の五つの集まり
色　いろ・かたちある物質的なもの
受　感受作用
想　表象ないしイメージ
行　潜勢的で能動的な形成力
識　認識作用

始めは色《しき》、具体的に言えばこの身体です。その身体が外の世界を感じ、そしていろいろなことを思います。嫌なものは退けようとし、憎いと思ったり、好きなものは愛しいと思ったりします。そうして自分の認識をつくり上げる。このような考え方です。

そのように、条件によって生じることを、因縁によって生じる、すなわち「因縁生《いんねんしょう》」といいます。条件によって生じるので、そこには実体がないのだといいます。実体がないということを、自性がない、「無自性《むじしょう》」といって、そのことを「空」というのです。

具体的な分かりやすい例でお話ししましょう。火、炎です。火には実体がありますか。ろうそくの火を「これが火ですよ」と言って、つかんで渡せますか。あれはずっとゆらゆらし続けています。実体がないということは、ろうそくの火のようなものなのです。

化学を勉強した方は覚えていると思いますが、燃焼の三要素とは、可燃物、酸素供給体、点火源です。この三つの要素によって、火という現象が起きます。可燃物は、ろうそくであれば、ろうですね。酸素は、この空気中にあります。それから点火源は、マッチかライターです。この三つの条件が整って、ぽっと炎というものが現れます。その炎というものには、実体がありません。ずっと変化し続けています。

ですから、火の場合は三つの要素ですけれども、自己というものは「五蘊」という五つの要素によって、炎のようにぱあっと現れている、現象にすぎないのだという見方です。これは非常に面白い見方だと思います。火には実体がありません。三つの条件がそろって、今一瞬、現れているものです。風が吹いたら消えます。酸素の供給がなくなれば消えます。ろうそくのろうが尽きたら消えます。ろうそくがあって酸素があっても、マッチを持っていなかったらば火は現れません。このようなことを、物ではなく現象であるといいます。

現象というものを表現する際に、仏教ではいろいろな言葉を使っています。たとえば、それは「夢のようなものだ」と。夢というものには実体がありません。そのときの身体の調子や、過去の記憶など、さまざまな条件がそろって、寝ている間に脳に現れる映像が夢というものでしょう。

それは幻のようなものなのです。蜃気楼《しんきろう》などもそうですね。条件が整って、そのようなものがあるように見えるのです。雲などもそうです。空に浮かぶ雲も、実体がないといいます。実体があると大変です。飛行機が、雲にぶつかって落ちたとなれば大変でしょう。ところが、どれほど大きな雲があっても、飛行機は平気です。それをすり抜けていきます。あれは水蒸気の粒が、ある条件によって固まっている状態になると、雲として浮かんでいるように見えているにすぎないのです。そこに実体はありません。条件が合わさってそのように見えるだけです。

稲妻もそうですね。「これが稲妻です」と取り出すことはできません。ぴかっと光る、その条件が合わさっているのです。水に浮かんだ泡、これもそうです。水と何らかの条件が合わさって、泡が浮かぶのです。影もそうです。実体がありません。影を取り出してみようといって取り出すことはできません。

このようなものを、実体がないと言います。実体がないもののことを、現象と言います。今お話をした、火や炎のようなものなのです。そうするとどうでしょう、「実体がない」という概念を、少しはご理解いただけたでしょうか。般若心経では、自己および世界は、実体ではない、現象にすぎないと、そのようなことを説くのです。

しかし、どうでしょうか。やはり実際のところでは「いや、机はありますよ。雲とは違いますよ。机をこうして叩いたら痛いと思うし、あるじゃありませんか。今、椅子に坐っているじゃありませんか。雲のようであれば、椅子から落っこちてしまうでしょう。椅子という実体がありますよ」と、そのように思いますか。

しかし、実体はないのです。それは今、あなた方が椅子というものを見て、お尻が椅子というものに触れていて、坐っている感覚があって、そうして椅子というものがあるように感じているにすぎないのです。それは現象にすぎないのです。

VRというものに、私は大変興味を持っています。これから大きく発展していく分野でしょう。お若い方はやってみたことがありますか。私も常々新しいことに挑戦することが好きでして、やったことのある人は分かると思いますが、あれをつけると本当に、たとえば動物がそこにいるように見えるのです。

今はまだ視覚と聴覚だけでしょうけれども、もしこれが、たとえば牛の映像が出て、そこに牛の臭いも感じて、牛が近くに寄ってきて手を伸ばしたときには、皮膚に牛の毛が触れるというような感覚も作り出されたならば、牛が本当にいるのか、あるいはそれには実体がないのか、その区別はつかなくなるだろうと、私は思います。

自分の感覚がVRで完全に再現されたとしたら、そしてぶつかったならばぶつかったという感覚も自分の中に再現されるのだとすれば、それはもう、完全に「牛だ」と思うのではないでしょうか。このような世界です。多分、そうしたものがだんだんと出来ていくのではないでしょうか。あのようなものをやっていると、私は般若心経の世界を感じていくのです。

知ることによって救われる

では最後に、もう少しおさらいをしておきましょう。

一切の形成されたものは「無常」といって、変化していくものである。このようなことを明らかに知ることによって、苦しみから遠ざかります。

そして、一切の形成されたものは苦しみである。仏教はもう苦しみの追究ですから、苦しみについても、また詳しくやっていきます。

それから、一切の事物は我ならざるものである。独立して存在する我というものはないのです。ずっと誹謗中傷され続けるような自分はないのです。落ち込み続ける自分もないのです。駄目だと思い込む自分もないのです。そのように見ることができれば、人は苦しみから遠ざかり、離れる、そう説いているのが般若心経です。

今日は題名についてだけ、お話をしようと思います。

摩《ま》訶《か》般《はん》若《にゃ》波《は》羅《ら》蜜《みっ》多《た》心経《しんぎょう》

摩訶は「大きい」という意味です。般若は「智慧」ということです。今日お話ししたように、「すべては変化していく。実体はない。変わらないものなどはどこにもない」と知る、そのような智慧です。波羅蜜は、昔は「到彼岸《とうひがん》」と言いました。苦しみのない安らぎの世界に到ることです。

盤珪《ばんけい》というお方（盤珪永琢《ようたく》、一六二二〜一六九三）のことを、私はよく勉強しています。その般若心経の講義には、このようにあります。

摩訶般若波羅蜜多心経とは天竺の言なり。唐にては摩訶を大と云ふなり、般若を智慧と云ひ、波羅蜜を到彼岸と云ふ。経とは自心なりと知るべし。

（盤珪『心経抄』）

般若心経は、そもそもは天竺《てんじく》、インドの言葉です。それを、中国の言葉で言えば、「摩訶」は大、「般若」は智慧、「波羅蜜」は到彼岸。そしてこれは盤珪禅師の解釈ですが、お経というのは、自分の心のことであると知りなさいと。

今日知っていただきたいのは、「知ることによって救われる」という生き方です。ものの見方を変える、正しい道理を知る、空の世界を知ることによって、苦しみから解放されるのです。

始めに「渋滞が　うれしい彼女　送る道」という川柳を紹介しましたように、仏教は、渋滞を解消する教えではないのです。渋滞のなかにあっても、その渋滞を正しく知り、ものの見方を変えることによって、渋滞が苦しみではなくなるような生き方を学ぶものです。

この世の中は、ひょっとしたら、今は渋滞のようなものに感じるかもしれません。政治家は、そのようなことを解消するために、いろいろなことをしてくれるのでありましょう。コロナ禍というのも一つの渋滞かもしれませんが、そのようななかで、苦しみを感じずに生きていくのです。

般若とは「智慧」です。知ることです。逆に、迷いとは「無明《むみょう》」、知らないということです。知らないことによって、私たちは苦しむのです。正しい道理を知らないのです。変わらない自分などはないという真理を知らずに、ずっと変わることがないと思い込んでいるから、苦しみが付きまとうのだということです。

最初に挙げた『スッタニパータ』のなかで、どんな苦しみも、無明、知らないこと、無知によって起こるのだと、お釈迦様は言いました。苦しみとは、妄執（愛執）、すなわち自我に対する執着なのです。変わらない自分というものがあると思い込むことによって、苦しむのです。

しかし、変わることはできます。行いによって。行うためには、やはりものの見方、考え方を変えていく。そして行動によって、自分を変えていくことができるのです。

そのことを、お釈迦様はこう言いました。


ものごとは心にもとづき、心を主とし、心によってつくり出される。

もしも汚れた心で話したり行なったりするならば、苦しみはその人につき従う。車をひく（牛の）足跡に車輪がついて行くように。

（法句経・一）

「汚れた心」とは、この場合は、やはり「自我に執着をした心」です。そうして生きていったならば、いつまでも苦しみは付きまとうということです。逆にまた、

ものごとは心にもとづき、心を主《あるじ》とし、心によってつくり出される。
もしも清らかな心で話したり行なったりするならば、福楽はその人につき従う。影がそのからだから離れないように。

（法句経・二）

このような見方が仏教の見方です。この「清らかな心」とは、とらわれない心です。こだわらない心です。変化しないものなどはどこにもないと知る智慧であります。

今は閉塞感があるかもしれません。渋滞のように感じるかもしれません。しかし、柔軟に生きていくこともできるのです。そのような智慧を説いたのが、般若心経なのです。

もっとも、この般若心経は不思議な経典でして、そのような意味を知らずとも、無心に唱えるだけで功徳があるという説かれ方もします。確かにそのような一面もあるのです。そうしたことにもゆくゆくは触れていきたいと思いますが、しかし、どういうことが書かれているのかということを、少しでも学んでいただくと、変わってきます。よい方に変わってくる

と思います。「ああ、よかったな」という生き方をしてもらいたいと思って、これから皆さんと一緒に私も学んでいきたいと思います。

般若心経の講義は、実は今まで一回もしたことがありませんでした。初めてです。般若心経というのは、なかなか難しい、なかなか取り扱いにくい経典なのです。しかし、若い人たちが、現実にさまざまな生きづらさを感じているということを、耳にしたり目にしたりするにつれて、これはやはり、今こそ般若心経の智慧を知ってもらいたいと思い、講義をする気になったのです。どうぞこれからよろしくお願いいたします。

第2講　とらわれない心

——五蘊皆空

空の解釈

般若心経を通して、私たちが今の時代を生きていく上での一つの智慧、参考になるような智慧を共に学んでいきたい、そのような気持ちでお話をしてまいりたいと思っています。

やはり般若心経で一番分かりにくい、何遍いろいろな解説書を読んでもどうしても分かりにくいのが、「空」というところです。

空、空っぽです。この空ということについては、解説などにはよく「実体がない」とあります。では、その実体がないとは一体どのようなことをいうのかと、いろいろな譬え話を用いながら、まずはその感覚をつかんでもらいたいのです。「実体がない」ということが大体分かってきますと、すなわち「空」であるとはこういうことかなと、分かってきます。そうすると、後は大体すらすらといくのです。

もっとも、空についての解釈も、専門的には実にさまざまあります。龍樹《りゅうじゅ》(一五〇〜二五〇頃)という方が、空の思想をはっきりと説かれるようになり、そのときに「実体がない」ということを説いていくのです。

空については、本当にさまざまな解釈があり、禅宗には禅宗独自の捉え方があります。禅宗は「理屈ではない。坐禅して、無になって、空を体験するのだ」と。しかし、そのようなことをいきなりここで言われましても、俊敏な人ならばぱっと分かるのかもしれませんが、なかなかそれは、足の痛い思いをして坐禅をして、少々年月のかかるものです。そのようなことを言っているとなかなか伝わりませんので、何が一番の手がかりになるかと思うと、やはり伝統的な、龍樹の解釈によるものがまずは入りやすいかと思い、その「実体がない」ということの説明を縷々《るる》行ってきました。

とりあえずは「空」ということについての手がかりとして、龍樹の考え方から説明していきたいと思います。伝統の禅の教えのように、理論を一遍に超越しろと言われると、われわれは困りますので、理論的に説いていきたいと思います。

空の積極的な意味

はじめに、条件によって起こる——物事はいろいろな条件があって成り立つ——のだと、これが基本です。これを「因縁生《いんねんしょう》」と言ったりしますように、お釈迦様が元々説かれた「縁《えん》起《ぎ》」という、物事はいろいろな条件によって成り立っていて、単一で成り立つものはないということです。

まず、お互いがそうです。仏教で考える世界は、最初から客観的な世界があるというよりも、私たちがこうして見たり聞いたり感じたりしている、この世界というものを問題にします。

最初から「私」というものがあったわけではありません。皆さん方は、私を含めて、数十年前には何もなかったところに、まず父と母の二人の存在があって、その二つの存在によって、最初は小さな細胞として、この命が生まれました。そしてその小さな細胞も、それだけでは成長することはできません。しばらくの間、母親の胎内でさまざまな栄養をいただいて、それから母親の胎内を出てからというものも、一人でそのまま置いておかれたら、われわれは生きておられません。いろいろな人たちのお世話になって、学校に行ったり、友達ができたりというように、いろいろな条件が合わさって、今のこの私になっているのです。

ということは、これは「空」の概念の一つ大事なところで、固定したものはないということです。このようなところを、皆さんに一番伝えたいと思うのです。よく「私なんか駄目だ」とか、生まれによって「こんな家庭に生まれたから、自分の一生はこんなものだ」などと思い込んでしまう場合もあるようなことを耳にします。しかし、ずっと変わらない自分などというものはありはしないわけですから、条件によって、それはまた変わることができるのです。

不変性がないのです。変わらないものはないのです。条件によって変化していきます。ですから、これは考えようによりますと、私たちにはこれからも大きな発展と進化、進歩の希望があるということです。「空」ということの積極的な意味は、そのようなところにあります。

五蘊によって成る世界

これも復習ですが、「自我」についてお話ししましょう。

私たちには、自分というものがあります。自己、アイデンティティーという言葉をよく耳にします。多くの人は、そのような固定した自我というものを求めます。しかし、そのような、何か最初から固まったものがあるのでしょうか。

お釈迦様の教えの一番の特徴は、そのような変わらない自我というものはないということです。それは、今日詳しくお話しする「五蘊」という考え方です。自我というものも、五つの条件といいましょうか、五つの要素が合わさって、仮に見えている現象にすぎないというのです。

五蘊　色・受・想・行・識の集まり
色　感覚器官を備えた身体
受　苦・楽・不苦不楽の三種の感覚あるいは感受
想　認識対象からその姿かたちの像や観念を受動的に受ける表象作用
行　能動的に意志するはたらき、あるいは衝動的欲求
識　認識あるいは判断のこと

色《しき》には様々な説明がありますが、まず押さえておきたいのは、この身体、肉体です。厳密に言えば「色や形のあるもの、物質的なもの」すべてを言うわけですが、まずは、この身体を考えます。受《じゅ》は、感じることです。身体がありますから、見たり聞いたり飲んだりして、感じることとです。そして感じたことについて想いを起こします（想《そう》）。想いを起こすと、今度は何かしようという衝動的な欲求として働いていきます（行《ぎょう》）。それによって認識を得ます（識《しき》）。それから、難しいのですけれども、最初の「色」は肉体、続く「受・想・行・識」

は心の働きです。

たとえば、湯呑みに水が入っています。私の身体は「色」です。水を飲みます。そうすると、飲むという行為は、舌で水を感じます。水が舌や喉を通っていくのを、ただ感じるのです。水が、口の中に入って、喉を通過していくという感覚があります。そしてその感覚について「ああ、冷たい水でおいしいなあ」と思うのが「想」です。「これはいい水だなあ。おいしい水だなあ。ちょっと喉が渇いていたから、おいしいなあ」と思うのです。

そして、思った後にさらに「これはおいしい水だから、もう一杯飲もう」と、これが衝動的な欲求です。このようなものが働いているのです。そこで、「もう一杯飲んでみよう」という思いで、飲みます。そうすると、「水というものはおいしい」と。水を飲むと喋りやすくなります。喉も潤います。「こうして喋るときには、やはり水というのは必要である」という認識を得るわけです。このようにして、私たちはそれぞれ一つ一つのものを認識していくのです。

色　…水を飲む自分の身体
受　…舌や喉などで飲んだ水を感じる
想　…飲んだ水がおいしいと感じる

行　…おいしい水をもう一杯飲もうとする
識　…水はおいしい、喉は潤うと認識する

逆の場合もあります。ここに何かの飲み物があって、口にする。はじめは感覚だけがあります。「これはおいしくない」「まずい」「苦い」などです。そうすると今度はどうなるかというと、「こんなものはもう二度と飲むまい」と、これが強い意志になります。そうして「あそこで出てきた飲み物は、もう飲まない方がいい」という認識を作っていくのです。そうして一つ一つの認識を作って、私たちは自分の世界を作っています。一人一人が、そのようにして独自の世界を作っているのです。

すべては夢のごとくである

この世の中にあるものは皆、条件によって生じます。条件によって生じましたので、そこに実体というもの、コアとなるもの、中核となるようなものはなく、「因縁生」であり、「無自性」であり、「空」であるという、これが伝統的な中観の捉え方です。これはやはり、一足飛びに坐禅して「無になれ」「空を体験しろ」と言われるよりも伝わりやすいのではないかと思います。

　私というものも、実体がないのです。今申し上げた「五蘊」という、五つの条件がそろって、仮に現れているものにすぎません。自己は現象です。その現象であるということを、昔の人は、夢のようなものだ、まぼろしのようなものだ、蜃気楼《しんきろう》のようなものだ、雲のようなものだ、稲妻のようなものだ、水面に浮かぶ泡のようなものだ、影のようなものだと説いたのです。実体のないものを、現象といいます。般若心経で説かれている「空」の世界というのは、自己および世界というものは実体ではない、現象にすぎないというのです。

　この湯呑みを見ると、物があるように見えるのですけれども、仏教ではこれも現象なのです。これは、木の湯呑みですけれども、どこかから木を伐ってきて、職人さんが作って、お店で売っていて、私が買って、今このような湯呑みという形に、現象として現れているだけです。これを放っておけば、われわれはずっと変わらないように思いますけれども、十年、二十年、三十年のうちには、色も変わって朽ちていきます。ということは、厳密に言うと、今現在も朽ちていきつつあるのです。今、仮に湯呑みとしての形を保っている現象にすぎない、それが「無常」の見方です。そのような見方をすると、逆に、やがて朽ちていく、壊れていく現象にすぎないのであるから、大切に使おうというような教えにもつながっていくのです。

前講では竹村牧男先生の言葉を引用しました。私たちがあると思っている「もの」とは、「五感によってとらえたもの」でしかないと。目で見たり耳で聞いたりしたものを、脳の中で「これは湯呑みである」「マイクである」「人である」と認識しているにすぎません。実際にあるように見えて、すべてそれらはヴァーチャル・リアリティなのだということです。それで、『マトリックス』やVRなどの話をしたのでした。そこに本当の存在はない、本体なるものはないのです。

これはお釈迦様の頃からの「無我」の教えです。「すべての存在に、自我なるものはない」。不変の、変わらないものはないということです。そのことを智慧によって見るときに、人は苦しみから離れることができるのです。

ずっと変わらないものがあり続けると思い込んでしまうから、あのようなインドの社会においては苦しんでいる人が多かったのだろうと思いますし、虐げられている人が多かったのだろうと思います。しかし、そのような変わらないものはないのだという智慧によって見て、苦しみから離れるというところが、般若心経で学ぶ最初のところです。「無明」とは、真理を知らない無知、愚かさです。愚かであるために、私たちは自分というものがずっとあるように思うのです。しかしこれは、ないのです。元々なかったのです。

誰一人として、何十年前には存在しませんでした。「いつ生まれた？」と聞くと、われわれは「何年何月何日」と言いますけれども、本当にそうかというと、これは分かりません。そのときのことを知っている自分はいません。後で聞いた話です。後で「あなたは何月何日に生まれた。戸籍にも書いてあるから間違いない」と親などから教えられるわけでしょう。しかしひょっとしたらずれているかもしれません。死ぬということもそうでしょう。死んだ後も分からないでしょうし、いろいろな人がやがて死ぬのを見て、「多分死ぬんだろう」と思っているだけのことでありましょう。

ともあれ、そのように、変わらない自分が存在していると思い込むのが「無明」です。自我、すなわち自分というものに対して「変わらないものだ」という誤った認識を持ってしまいます。そしてそのなかで、思うようにいったり、思うようにいかないということで苦しみます。しかしすべては移り変わっていく。それが「諸行無常」の教えです。

「電光影裏斬春風」

『金剛般若経』というお経を、われわれ禅宗ではよく読みます。同じく般若の教えですが、不思議とこちらには、「空」という言葉は一つも出てきません。ただ、夢のごとく、幻のごとく、泡のごとく、影のごとく、露のごとく、電《いなずま》のごとしであると説いています。いずれにしても、このような「実体がない」という考えは、現実のこの閉塞感というのでしょうか、行き詰まりのようなものに苦しめられている者にとっては、やはり一つの解放になるのではないかと、そのようなお話をしたのです。

しかしここで、少し補足をしておきたいと思います。今のような、すべては空である、夢幻のごとくである、実体がないものであるという考えは、一つには苦しみからの解放につながりますが、一歩間違うと、これは「何でもいい」という思想にもなってしまいます。すべては空であり、夢のごとく、幻のごとくであれば、このような話を聞かなくてもよいのではないか、別段、学校や会社に行かなくてもよいのではないかと。しかし、それもまた、空にとらわれた見方なのです。

無学祖元《むがくそげん》禅師という方がいらっしゃいました。私どもの鎌倉の円覚寺を開かれた方で、中国から見えた方です。日本でも鎌倉時代に元寇《げんこう》というものがありましたが、禅師がまだ中国にいらっしゃったとき、やはり元の軍に攻められて、兵士たちにぐるっと周りを取り囲まれて、刀を喉元に突きつけられました。そのときに、このような詩を作ったというのです。

乾坤《けんこん》、孤筇《こきょう》を卓《た》つるに地無し。
喜得す、人空亦法空なるを。
珍重す、大元三尺の剣、
電光影裏、春風を斬る。

（「臨刃偈」）

この詩の言わんとしていることは、「今、あなた方が私を取り囲んで、刀で私を斬りつけようとしている。でも、私はうれしいことに」、うれしいことに、ですよ、「私もあなた方もともに空であることを知っている。だから、たとえあなた方の持っている立派なその剣が、私の首をはねたとしても、それは稲光がきらっと光る一瞬に春の風を斬るようなものだ」と、そう言って、泰然自若としていたのです。

そのような無学祖元禅師の様子を見て、元の兵士たちも「これはただ者ではない」といって斬らなかったという話なのです。このような絶対絶命のときには、すべては空である、私もあなたも空なる者であると見ることによって、苦しみから解放されます。

極端にかたよらない

すべては空であるという考え方は、絶体絶命のときの活路を見出すことはできます。しかし、「そうであれば、何をやってもいいのだ」と思ってしまうと、これは大きな間違いを犯してしまうのです。そこで、伝統の仏教学では、空・仮《け》・中《ちゅう》の「三観」ということを説いています。

「空観」は、そのすべては空であるという見方です。しかし、空であることにとらわれてもいけない、現実の世界というものは仮に現れた現象にすぎないけれども、この現実の世界も大切にしなければいけないということで、そのような見方を「仮観」といいました。

そして、その両方にとらわれない「中」の見方（中観）をしなさいと、伝統の仏教学では説くのです。

「空・仮・中」などと言うと大変に難しいのですが、神戸の須磨寺の小池陽人《こいけようにん》さんとは親しくしてもらっていて、この辺のことについて、分かりやすくお話をしていらっしゃいました。「仏教の捉える正しさとは何かというと、極端から離れたものを正しいと感じなさいという教えなんです」と。この感覚なのです。

つい私たちは、空だというと「もう学校も行かなくたって、何をしたって空だ」というような極端に走りたがります。そうかといって、「空なんてことを考えても腹は膨らまないし、この現実がすべてだ」と偏ってしまってもよくないのです。人間というものはどちらかに偏りたがるものです。しかし、その両極端から離れているところを正しいと感じる、このような感覚を持ってほしいのです。

ですから、現実に偏っているときには、空の教えは、その偏っているものを引き戻してくれます。しかし、空に偏った考えで「別に朝起きなくたって、学校を休んだって」というようでは、「きちんと授業に出て勉強してください。生きるのはこの現実の世界ですから、しっかりと勤めを果たしましょう」と申し上げます。空にとらわれても困ります。

人間は極端に走りたがるものですが、極端に偏らない状態が正しいのだという感覚を持ってほしいのです。これから空を説いていく上において、ぜひとも押さえておいてほしいところです。

波羅蜜の教え

さて、こちらも前回の復習からです。

摩《ま》訶《か》般《はん》若《にゃ》波《は》羅《ら》蜜《みっ》多《た》心《しん》経《ぎょう》

摩訶は「大きい」、般若は「智慧」でした。波羅蜜は「彼岸に到る」「悟りに到る」という意味です。それから盤珪禅師は、お経とは「自心」、自分の心のことだと言いました。

「摩訶」というのは、サンスクリット語の「マハー」という言葉を音で表したもので、「大きな、偉大なる」という意味です。「般若」は、学校で数学や理科を勉強したり、いろいろなことを暗記して問題を解いたりするような「知識」とは違い、直観的な「智慧」です。特に、無常であり、無我である、苦であると、そういった道理を見抜く智慧です。

般若心経ではこの「般若波羅蜜」を説くわけですが、「六《ろく》波《は》羅《ら》蜜《みつ》」というものにおいては、最後にあるのが「智慧」です。

六波羅蜜　布施《ふせ》・持戒《じかい》・忍辱《にんにく》・精進《しょうじん》・禅定《ぜんじょう》・智慧《ちえ》

そして、般若思想には「布施」というものが非常に大きく関わってきます。般若経典において、空という言葉がまだ出る前に、空ということを伝える際には、この「布施」が説かれました。人に何かを差し上げるときに、差し上げたという思いも起こさずに差し上げることです。何々をしてあげたという思いも残さずにあげるという、このような行為と説かれています。そこに空というものを感じていくのです。

私たちは人に何かをあげると「何かをしてあげた」と思いたがるものです。しかし、自分がしてあげた、自分が物をあげた、あの人は私から物を受け取ったと、そのような思いを一切起こさずに施すということです。簡単なようでいて、これは難しいことです。

だんだんと、続きに入っていきましょう。

観自在菩薩《かんじざいぼさつ》　行深般若波羅蜜多時《ぎょうじんはんにゃはらみったじ》
照見五蘊皆空《しょうけんごうんかいくう》　度一切苦厄《どいっさいくやく》

ここまでです。ようやく本文です。訓読にもいろいろありますが、岩波文庫版に従いましょう。

観自在菩薩、深般若波羅蜜多を行じし時、
五蘊皆空なりと照見して、一切の苦厄を度したまえり。

そしてこの箇所を、サンスクリット語の原典から訳したものも岩波文庫版から引用いたします。

全知者である覚った人に礼したてまつる。
求道者にして聖なる観音は、深遠な智慧の完成を実践していたときに、存在するものには五つの構成要素があると見きわめた。しかも、かれは、これらの構成要素が、その本性からいうと、実体のないものであると見抜いたのであった。

最初の一行は、漢訳にはありません。二行目の「智慧の完成」ということについては、それが「実践」の行であるということ、これは大事なところです。そして続くところはどうでしょうか。五蘊ということは今まで話をしてまいりましたので、少し分かってきているという感じではないでしょうか。

はじめに「存在しているものは五つの要素によって成り立っている」と、まずこのことを認識するわけです。その上で、「この五つの構成要素が、その本性からいうと、それらはすべて条件によって仮に現れたものであるから、実体というものはないのである」と見たということです。

しかし、何かが抜けていると思うかもしれません。訓読文では、最後のところに「五蘊皆空なりと照見して、一切の苦厄を度したまえり」とあります。ところがサンスクリット原典からの訳では、「これらの構成要素が、その本性からいうと、実体のないものであると見抜いたのであった」と。見抜いたことによって苦しみから解放された、というところはないのです。これは、なぜだかはよく分かりません。玄奘三蔵《げんじょうさんぞう》という方が「度一切苦厄」というところを、付け加えたのか、あるいはまた、サンスクリットの原典もさまざまありますから、玄奘三蔵がご覧になったサンスクリット原本にはあったのか、それは分かりません。そこは文献上のことですから、それほど詮索せずに学んでいきましょう。

私が伝えたいことは、知ることによって救われるということです。明らかな正しい智慧を持つことによって、苦しみから解放されるのです。「照見五蘊皆空」、五蘊は皆空であると知る、そのことによって一切の苦しみから救われるのです。

どんな苦しみが生ずるのでも、すべて無明に縁《よ》って起るのである。

（スッタニパータ・七二八）

およそ苦しみが生ずるのは、すべて妄執（愛執）に縁って起るのである。

（同・七三九）

どのような苦しみも、無明によって起こるのです。自我というものは存在しないのに、ずっとあり続けると思う、その無知によって起こるのです。自我というものに対する執着によって苦しみが生ずるのです。お釈迦様の時代の人たちは、「生れによって賤しい人となり、生れによってバラモンになる」というような差別の世界に苦しめられていたのでしょう。そのような苦しみからは解放される教えです。

言葉によって現れる世界

五蘊は空である、五蘊によってこの世界が仮につくり出されるのだと、そのことに関するお話をしたいと思います。

福島智《ふくしまさとし》先生という方がいらっしゃいます。この方の『ぼくの命は言葉とともにある』という本を読んで、私は感銘を受けました。この先生は東京大学の教授でいらっしゃいますが、三歳で右目の視力を失い、九歳で左目の視力を失い、それからさらに十四歳で右耳、十八歳で左耳の聴力を失ったということです。想像してみてください。目も見えない、耳も聞こえないとなると、どういう世界でありましょうか。福島さんはこう表現しています。

「宇宙空間の中にたった一人だけおかれて、酸素ボンベから少し酸素が送られてきたかと思ったら、すぐに止まってしまうという非常に不安な状況でしょう。」

「母が最初に指点字で呼びかけた「さとしわかるか」という言葉や、友達の「ようやくもどってきたか」というひと言が私の力になっていきました。

今から思えば真っ暗の宇宙にたった一人漂う私に再び光を当ててくれた瞬間だったと言ってもいいでしょう。」

（福島智『ぼくの命は言葉とともにある』致知出版社）

もう死ぬかもしれない、広い宇宙空間にただ一人だけ漂っているという状態です。この世界はまったく何も見えない暗闇です。しかし、この方は最初に目が見えなくなりましたから、点字をやっていたのですね。六点で「あいうえお」と伝えるのです。私も学生の頃に、少しでも世の中の役に立とうと殊勝なことを考えていた時期がありまして、実は点訳ボランティアを少しやっていたのです。

六つの点字が分かったので、そのときにお母さんが、指で福島さんの手に六点を示して、「さとしわかるか」と言葉を伝えたのです。あるいは友達が、「ようやくもどってきたか」という言葉をくれたのです。それで、「真っ暗の宇宙にたった一人漂う私に再び光を与えてくれた」と。目も見えない、耳も聞こえない、もう言葉も通じないという世界は、暗闇でしかありません。そこに、言葉によって、この世界が現れるのです。

私の知人で、最近、病気で耳が聞こえなくなったという方がいます。耳が聞こえないということは、本当に不自由です。後ろから車がクラクションを鳴らしても聞こえません。まだ三十代なので、大変です。しかし、最近、頭に人工内耳というものを入れました。今はすごいですね。それで音を感じるようになったといいます。機械によって新しい音を感じるのです。しかし、般若心経の「色受想行識」を思い起こしてほしいのですが、たとえば車のクラクションの音がしても、その音は感じるのですけれども、それが車のクラクションだという認識とつながらないのです。まったく新しい別の音がここに現れているのです。

そこで、今度は人工内耳に感じる音を一つ一つ、これは物を叩いた音、これは車の音、これは「あ」という声だというように、耳が聞こえていた状態のときの記憶と、リハビリによって結びつけていくのです。そうすることによって、再びこの世界が現れてきたのです。

耳があっても、そこに感じるということがなければ、音の世界はありません。感じるということがあったとしても、そこに想念——先ほどの水では「これはおいしい水だ」「水は必要だ」というような認識——が結びついていなければ、この世界は現れないのです。なるほど五蘊というものは、実にその通りだと思いました。そのようにしてこの世界はつくり上げられるのです。

まず身体があります（色）。快か不快か、気持ちよいか、心地よくないかを感じます（受）。赤ん坊の頃からそうでしょう。赤ちゃんは、お母さんが抱いてくれるとやはり心地よいのです。そうすると、喜ぶのです（想）。お母さんからは母乳もいただけるし、抱いてほしいと、愛着を覚えるのです（行）。それで、私にとっては「大事な大事なお母さん」という認識が生じるのです（識）。けれども他人が抱いたりすると不快になるのです。不快になって、不機嫌な思いを起こすのが想念です。そして「もうあんなおじさんには抱かれたくない」というのが、行という、強い意志です。それで「見ず知らずのおじさんは嫌だ」という認識を生じて、この世界を一つ一つつくり上げていっているわけなのです。こういう風に「色受想行識」というものによって、私たちは自分自身とこの世界をつくり上げていくのです。

マザー・テレサさんが語ったとして知られる、有名な言葉があります。

思考に気をつけなさい。思考はやがて言葉となる。言葉に気をつけなさい。言葉はやがて行動になる。行動に気をつけなさい。行動は習慣になる。習慣は性格になる。性格は運命になる。

これも同じようなところでありましょう。仏教の場合は、これ以前にまず身体があって、感受作用があります。その感じたものについて、あれこれ思うわけです。思ったこと（思考）は、五蘊でいくと「想」です。思ったことについて、言葉や行動にしようということは「行」です。その結果、いろいろな習慣をつけていったり、性格をつくり上げていったり、結局は「自分の人生はこういうものだ」という「識」をつくり上げていくのです。なるほどと思います。

究極の慈悲――観自在菩薩

少しぐらいは言葉の説明もさせていただきましょう。「観自在菩薩」、これは意外に思うかもしれませんが、観音様と同じなのです。

サンスクリット語（梵語）というのは、上に点や記号があって、「アヴァローキテーシュヴァラ（avalokiteśvara）」。これは「観《み》ること（avalokita）」に「自在（iśvara）」という意味です。「自在に観る」ということで、私は、これは究極の慈悲だと思います。どのような人でも自在に観てあげているのです。学校の先生なり、あるいは介護の仕事なり、相手がどのような人であろうと、自在に分け隔てなく観ているということです。観ていることができれば、きちんとそれに対応する想いができて、行動につながるわけです。

しかしもう一つの「観世音菩薩」と訳したのは、「アヴァローキタスヴァラ（avalokitas-vara）」。このスヴァラ（svara）が「音」という意味なのです。ですから、「アヴァローキテーシュヴァラ（avalokiteśvara）」という言葉を誤訳したのか、あるいは「アヴァローキタスヴァラ（avalokitasvara）」という別の単語を「観世音」と訳したのか、それは定かではありませんが、いずれにしても同じことです。

「菩薩」は、元々は悟りを開く前のお釈迦様のことをいいました。そこから、お釈迦様のみならず、悟りを求めて努力している人のことを「菩薩」と呼ぶようになりました。三番目には、大乗仏教の立場から、お地蔵様や観音様などは、既に悟りを開いて仏様の心境にまで到り、多くの人を救うために菩薩の姿で現れているのだと、そのような意味に変遷していきました。

それから、「般若波羅蜜多」については、「智慧の完成」とよく訳されますが、こちらも少し補足を申し上げておきましょう。「完成」と訳したり、あるいは「到彼岸」と訳すこともあります。

「パラマ（parama）」とは、「最高の」といった意味の形容詞で、それを名詞形にしたものが「パーラミター（pāramitā）」です。ですから、語学的には「最高のもの、最高の状態」という意味で「完成」と訳すのが、私などが勉強した感覚では正しいのです。

しかしもう一つの見方として、当時の人は、「パーラム（pāram）」＋「イタ（ita）」と見ました。パーラムとは、パーラという形容詞にmをつけて「あちらに、どこどこに」という意味です。ですから「彼岸に到った」という解釈をするのです。

梵語（サンスクリット語）というのは、どこでどう切るかによって意味が大きく変わってきますので、「完成」と「到彼岸」の二つの訳があります。しかし仏教的に言えば、迷いの世界からあちらの悟りの世界へ行くことが完成形でもありますので、両方を使っています。

私たちの迷いというものは無明、無知から来るので、般若（智慧）を完成することによって、迷いから救われるのであると説くのです。

「五蘊の他には、全宇宙に何もない」

あらためて、空とはどのようなことでしょうか。私たちもよく「部屋が空である」などと言うのですが、それは、部屋に誰もいないことを指します。「茶碗が空である」ということは、茶碗に何も入っていないということです。しかしこの「何も入っていない」というところに大きな意味があるのです。

この建物の一番大事な特徴は何かというと、もちろん立派な、素晴らしい建造物だということは言うまでもありませんが、しかし最も大事なことは、このなかに空間があるということです。屋根も結構高くて、清々しいですね。屋根などというものは、別段、自分の頭が当たらなければ困りはしないのでしょうけれども、しかし頭の上すれすれに天井があったのでは、われわれは窮屈に感じます。空間、スペースには大きな意味があります。

パワーポイントの資料などを作るときもそうですね。どれぐらいの字間隔にするかということで、伝わり方はまったく違います。大きくすれば見やすいですし、これが何百字も、まったく行間もなくびっしり書いたならば、われわれは見る気もしません。実に、空間やスペースというものには大きな意味があります。

「五蘊は空である」ということは、茶碗の中に水がないように、五蘊には、本体、本性、変わることのない実体はありはしない、このような意味として受け取っておきます。また詳しくお話しすることになると思いますが、眼・耳・鼻・舌・身（からだ）・意（こころ）、そしてそれぞれの認識する対象が、色・声《しょう》・香り・味・感触、それと、意識であれこれ思う対象を法といいました。しかしそれらのすべては、無常、移り変わるものであり、変わることのないものなどありはしないということです。

われわれもそうです。突発性難聴などというものを耳にします。知人でこれに罹った人がいます。なるべくそのようなものにならない方がいいと思いますが、いつ、誰がそうなるか分かりません。しかし、いつ自分もそうなるか分からない、無常である、実体がないということを知っていれば、ならないように注意しよう、大事にしようというような意識を持つこともできるでしょう。

最初の「照見五蘊皆空」というところに戻りますと、お釈迦様は、存在するものには五つの構成要素があると見きわめたのです。これについては、ダライ・ラマ猊下の本の中に大事なことが書かれています。

われわれ、自分自身の存在も、世界も宇宙も、一切がこの五蘊の各要素から出来ている。大切なことは、五蘊の他には、全宇宙に何もないということである。

（ダライ・ラマ『ダライ・ラマ般若心経を語る』角川ソフィア文庫）

「大切なことは、五蘊の他には、全宇宙に何もない」。そう言われて、ぴんとこないかもしれませんが、仏教で言う世界はそのようなものなのです。

最初から、宇宙がある、この現実世界があるというようなことではなく、私が見たり聞いたり感じたりして、世界をつくり上げていくのです。自分の世界をつくり上げて、それぞれがそれぞれの世界を生きている。だから、一人一人が別の世界を生きているのだと、このような見方です。

そして、その五蘊にも実体はないと見ることによってどうなるのかというと、苦しみから解放されるということです。

苦しみの正体——苦苦・壊苦・行苦

苦しみについても、少しお話をさせていただきます。伝統の仏教学では、苦苦《くく》、壊苦《えく》、行苦《ぎょうく》といいます。

まず苦苦とは、肉体的な苦痛です。これは言うまでもありません。われわれですと、坐禅を長くしていて足が痛いなどというのは、肉体的な苦痛です。腰が痛い、肩が痛い、首が痛い、おなかが痛む、これらを苦苦といいます。

壊苦とは、損失による精神的苦痛です。コロナ禍で感じたようなさまざまな苦しみは、これに当たると思います。毎日学校に行けていたのが行けなくなってしまったなど、今まで普通にできていたことができなくなってしまったことによって感じるような苦しみです。年を取る苦しみなどもそうでしょう。

これら二つは分かりやすいものです。しかしもう一つ大事な、仏教独特の「苦」という概念があります。それは、私たちは、この世界に生きているということ自体が苦しみであるという見方です。

われわれは真理を知りません。迷いの存在です。常に何かに執着してしまいます。無常であること、無我であることを知らずに、常に執着をして、物をつかまえて離さないような自分がこの世界に生きている。ということは、それ自体がことごとく苦しみである。このような見方を、行苦と言います。思うようになるとなるまいとにかかわらず、生きていること自体が苦であるということです。そう言うと身も蓋もないようなことですが、しかし、そのような苦しみから解放されるのが般若波羅蜜だというのです。

それから、苦しみについてよく説かれるところは「四苦八苦」です。仏教の書物には必ずと言っていいほど出てきます。

四苦八苦　生老病死　愛別離苦　怨憎会苦　求不得苦　五蘊盛苦

四苦とは「生老病死《しょうろうびょうし》」、すなわち生まれる苦しみ、老いる苦しみ、病の苦しみ、そして死ぬ苦しみです。「愛別離苦《あいべつりく》」とは、好きな人、愛しい人と別れる苦しみです。「怨憎会苦《おんぞうえく》」とは、逆に嫌な人、心地よくない人、会いたくない人と会わなければならない苦しみです。「求不得苦《ぐふとくく》」とは、求めても得られない苦しみです。

そして「五蘊盛苦《ごうんじょうく》」の五蘊とは、般若心経冒頭にもある五蘊です。「色・受・想・行・

識」が働いて活動しているということは、何か外に触れたものを、絶えずことごとく差別し、区別しています。心地よいものに対しては好きだと思い、もっと欲しいと思う。嫌なものに対しては、憎しみの思いをもって退けようとする。そのような営みを絶えず繰り返しています。そういう存在自体は苦しみであります。これが「行苦」です。

よく、仏教というものは、別段、あらゆる人を救っていこうというような教えではない、この世が苦しみで仕方がないという人のために、苦しみからの解放を説く教えであると、そのように言われます。ですから、この世の中で、思うものがすべて手に入って幸せだという人は、あえて仏教を学ぶ必要はないのかもしれません。

けれども、たとえそのような人であっても、その幸せが続くとは限らないのがこの世の中の現実です。何もかも思うようにいっているという人が、なかにはいらっしゃるかもしれませんが、それもいつ崩れるか分かりません。いつ失われるか分かりません。そのようななかで生きることは苦しみであるというのが、仏教、お釈迦様の教えの根本です。

そうした苦しみのなかにあって、しかしお釈迦様は「無常であり、無我であることを、智慧の眼《まなこ》で見ることによって、苦しみから解放されるのだ」と説かれました。その教えを基に、般若経典は出来ていきました。般若波羅蜜――智慧の完成――を大切に重んじて説くようになりました。

苦しみからの解放とは、般若波羅蜜によってこそ成し遂げられるのです。知ることによって救われます。五蘊は皆、空であり、実体のないものだと知ることによって、この世の苦しみから解放されるのです。まとめてみましょう。

五蘊の中には、実体はない。
自我は、空である。
五蘊もまた空である。
この肉体も感じることも想念も意志も認識もみな、実体はない。
移ろいゆくもの、幻のごときものである。

ずっとあるように見えても、仮に炎のようにぽっと燃えているのです。炎のようにぱっと「好きだなあ」という思いや「嫌だなあ」という思いが浮かんでいるだけであって、その思いがずっと続くように思いますが、そのような思いも、実は炎のように浮かんでは消えているにすぎないのです。前にお話ししたことを覚えているでしょうか。本当は、一秒間に七十五回も点滅を繰り返すようなもの、移ろいゆくもの、幻のようなものだと知るのです。

ひろく、ひろく——空の心

そしてまた、空にとらわれてもいけないという話をしました。空だからといって、「何でもやっていいんだ」という思想ではありません。しかし、「現実がすべてだ」という考えでも困ります。では一体、空であることを知る、般若波羅蜜によってどうなるのかというと、こうなります。

かたよらないこころ
こだわらないこころ
とらわれないこころ
ひろく　ひろく　もっとひろく
これが般若心経
空のこころなり

かたよらずに生きることができる。どのようなことがあっても、それにこだわらずに生きることができる。とらわれずに生きることができる。これは般若心経の空の心を表した究極の言葉だと思います。

すでにお亡くなりになりました、薬師寺の高田好胤和上《たかだこういんわじょう》が、何度も何度も般若心経の講義を繰り返して、最後、ぎりぎりのぎりぎりぎりにまとめると、この言葉になると仰いました。これは、そのとおりなのであります。

空に偏って現実を否定するものでもありません。現実を生きていかなければなりません。多くの人は、やはり何かにとらわれたいのです。こだわりたいのです。そのこだわりととらわれが、争いを起こしていきます。しかし現実が空であるという智慧の眼が開かれていれば、かたよらず、こだわらず、とらわれずに、自由に広い心で、それでいて現実を生きていくのです。

私が小学生の頃に、田舎に高田好胤先生がお見えになって、その講演を聞いて、小学生ながらに感動したものです。お話の大変素晴らしい方でした。そのときに「かたよらないこころ、こだわらないこころ、とらわれないこころ」と聞いて、耳に残っていましたが、あれからずっと坐禅をして、大学で般若経典を勉強して、今こうしてお話をするようになって、そうしてやってきて、やはり般若心経で言っていることは、やはり、ここに尽きると思うのです。

こだわらず、とらわれずということを、もう少し積極的に申し上げるならば、この椎尾弁《しいおべん》匡《きょう》僧正のうたです。

時は今　ところあしもと　そのことに　うちこむいのち　とわのみ命

浄土宗のお上人でありましたから、最後の「とわのみ命」というのは、永遠の命、阿弥陀如来無量の命とうたっています。これは般若心経を学んでいる立場からいえば、「時は今ところあしもと　そのことに　うちこんでいる　それが空のこころだ」というように受け止めることができると、私は思います。かたよらずに、こだわらずに、とらわれをせずに、しかも現実の自分に与えられた為すべきことに精いっぱい打ち込む命が「空のこころなり」ということです。

そういう見方をすれば、万が一、たとえうまくいかなかったとしても、それほど落ち込むことなく、またやり直せばいいのではないかという見方にもなりますし、かたよらず、こだわらず、とらわれず、広い心で、豊かな気持ちで、この現実の世の中を生きていけるのではないかと、そのようなところを、この般若心経という経典から学んでいきたいと思っているのです。

今日は本当に最初のところまでをお話ししました。繰り返しますが、空という思想、空という考え方は、実体がないということです。実体がないからといって何でもいいというわけでもないのです。現実と空と、その両極端にとらわれない感覚を身に付けていただければ、後のところは、仏教の言葉なども出てはきますが、割合にすらすらといきますので。

何度も同じようなことを繰り返してお話しさせていただくと思いますが、これはあえてです。やはりこれは、繰り返し、繰り返し聞いていかないと、浸透していかないということがどうしてもありますので、「あれ、前回やったな」と思うかもしれませんが、次回も多分、今日の繰り返しからお話しさせていただくかと思います。

ご清聴ありがとうございました。

第3講　なにもない人の豊かさ

——色即是空

般若経典と空の思想

例によりまして、いろいろと復習をしながら学んでいきたいと思います。同じようなことを繰り返していると思うかもしれませんが、これはやはり仏教の理解においては非常に大事なことです。何度も何度も、繰り返し繰り返し聞いて、その仏教的な考え方が、だんだん身体に染みてくるというのでしょうか。

特に、般若心経では「空」と言いますが、それを理論的に「このようなものだ」と言葉で説明しましても、やはりそれは、どうしても限定されたものになってしまいます。ですから何度も、繰り返し聞いていただいて、般若心経の、空というものが、少しずつ分かってくる、そういうところかと思うのです。

仏教とはお釈迦様の教えですが、お釈迦様ご自身が「空」の思想を説いたかというと、これは決してそうではありません。今、私たちが学んでいる般若心経は、大乗仏教の経典で、仏教の歴史から申しますと、お釈迦様が亡くなってから数百年後に作られたお経なのです。

しかしながら、それはお釈迦様の悟りの心を表したものであるということで、私どもは、お釈迦様の教えとして受け止めているのです。

般若経は大乗仏教の経典ではありますが、極めて古いものです。『八千頌般若経《はっせんじゅはんにゃきょう》』が、一番古いものに当たり、それを漢訳した『道行《どうぎょう》般若経』というのは二世紀頃には漢訳されています。

お釈迦様がお亡くなりになったのは、これにはいろいろな説がありますが、紀元前のおおよそ四世紀から五世紀くらい、今から二千四、五百年ほど前の話です。ですから、おおよそ紀元前後辺りには、大乗仏教の一番基となる般若経典は出来上がりつつあったのでしょう。新しいといっても、それほど新しいということでもないのです。仏教の経典の中では、極めて古いものに当たります。

それでも、より古いお経が伝わっていて、そうしたものの一つに『スッタニパータ』あるいは『法句経』という経典があります。これらは今、岩波文庫の『ブッダのことば』あるいは『ブッダの真理のことば・感興のことば』という書物で手軽に読むことができますが、その『スッタニパータ』のなかに既に、このようなお釈迦様の言葉が伝えられています。「つねによく気をつけ、自我に固執する見解をうち破って、世界を空なりと観ぜよ。そうすれば死を乗り超えることができるであろう」と。「自我に固執する見解をうち破れ」と、このようなところが、般若心経の「空」の思想の原点になるのです。

自我に固執するとは、自分自身というものについての固執です。こだわってしまうのです。今風の言葉で言うと、自意識が強くなりすぎてしまっているのです。それが故に、苦しみを生み出していくのです。ですから「世界を空なりと観ぜよ」とはどのようなことなのか。そのようなことから、この般若心経の講義を始めたのでした。

雨はどこに降っているのか

今日は、外では大変な雨が降っています。しかし、われわれ禅の世界では、「雨は今どこに降っているのか」というようなことを聞くのです。「そんなの、この建物の外だ」と言いたいでしょうけれども、「果たして、本当であろうか」などということを問題にしていくのです。

私たちが実際に感じているものとは、今この耳で、音を聞いているということです。本当は、今、耳で音を聞いている感覚を感じているだけなのです。今こうして目の前にあるものでも、そのように見えているにすぎない。果たして、物が本当にそこにあるかどうかということは、実は分からないのだということです。覚えていらっしゃるでしょうか。以前、ヴァーチャル・リアリティや『マトリックス』のような物の見方が似ているとお話ししました。その辺りのところを、今日はもう少し別の角度からお話ししたいと思います。

私がここにいる、私はずっといると思い込んでしまうということを、仏教では「無明」と言いました。自我というものが実在する、この世界にあるものは実在していると思い込んでしまい、そうした無知によって、私たちは誤った行動を取ってしまうのです。

誤った行動とは執着です。これを守りたい、誰にもあげたくない、あるいは逆に、もっと自分のものにしたいなど、さまざまな欲望や貪欲に従って行動してしまったり、果ては、憎しみや恨みという形で行動に出てしまったりするのです。そうすると、その結果は苦しみでしかありません。これが仏教の基本的な考え方です。

無知のことを愚癡《ぐち》ともいいますが、貪り・怒り・愚癡の三つを「三毒」といいます。それらのためにわれわれは誤った行動を起こしてしまい、自分自身も、周りの人も苦しめてしまうのです。

「三法印」や「四法印」などということも申します。これらの教説は、お釈迦様の大事な教えです。

諸行無常　あらゆる現象は変化してやまない
諸法無我　いかなる存在も不変の本質を有しない
涅槃寂静　迷妄の消えた悟りの境地は静かな安らぎである
一切皆苦　この世のすべては苦しみである

（諸行無常・諸法無我・涅槃寂静＝三法印）
（一切皆苦を加えて＝四法印）

ここにある無常や無我という教えが、これからお話しする、大乗仏教の般若経典の「空」の思想へと発展していくのです。ですから、空ということを学ぶには、この無常であるということ、無我であるということをよく理解しておくことが前提です。

「諸行無常」については、何遍もお話をしてきました。すべては変化するのです。今、目の前にある机や廊下や、この柱であっても、今現在、変化し続けています。何十年後、何百年後に突然壊れるわけではなく、毎日毎日、実は微細な、かすかな変化を繰り返しているのです。私もそうです。お互いもそうです。無常とは変化するということです。

続いて「諸法無我」です。「我」とは「常一主宰」とも言い、これは誤ったものの見方です。

常　＝つねにある

一　＝単独で成り立つ
主宰　＝自らを支配する

この私というものは、常にあり続けている。誰しもそう思いたいものです。しかしながら、ずっと昔にはなかったのです。何百年も生きている人は、ここにはおりません。たかだか数十年前に生まれて、そして残念ながら、これから百年後には、もしかしたら百二十歳くらいで生きている方もいらっしゃるかもしれませんが、おそらくほとんどの人は消えてしまっています。「常」ではないのです。

「一」とは単独で成り立つということ。しかし、ここは空の考えを学ぶ上で大事なところですが、それだけで成り立っているものはありません。この机にしても、机としてはじめから出てきたのではなくして、様々な部品が集まって、合成されて、机になっています。それを今、こうして「机」と呼んでいます。

私たちもそうです。自分というものが、最初からぱっと生まれたのではありませんでした。両親の出会いがありました。そして沢山の人にお世話になって、学校でいろいろなことを教わって、さまざまな要素やさまざまな条件の寄せ集めがあって、今、それを自分と思い込んでいるのです。

そして、それは自分の思うとおりにはなりません。「主宰」とは、自分で思うとおりになる、自分が自分を支配している、自分のことは自分で決められる、自分の思うとおりに生きることができる、と。これが大きな思い違いで、誤ったものの見方なのです。

たとえば食べ物屋に入って、うどんにするか、そばにするか。私が人生で迷うのはそれくらいなのですけれども、「うどんにしようか、そばにしようか、まあ、今日はうどんかな」と、自分で決めているように思うのですが、脳科学の世界などを勉強しますと、本当はそうではないらしいですね。自分でそのように思う以前に、実は既にその行動は出ているのだそうです。自分で自分のことを決めているというのは、どうも錯覚のようであると、この頃はそのようなことも言われます。そうなると、自分の意識というものは本当にあるのでしょうか。自分の意志というものは本当にあるのでしょうか。

これが自分の考えだ、自分の意志だと思っていたとしても、しかし、それには無意識のうちにすり込まれているものもあるでしょう。テレビのコマーシャルや、町で見かけるポスターや、乗っている電車の吊り広告など、そのようなものをぱっぱっと見ているうちに、何かしらその影響を受けて判断しているというようなことは、否定できないと思います。この頃『サブリミナルマインド』（中央公論新社）という本を教えていただいて、なかなか難しいのですけれども、勉強しています。自分の意志というものは、どうも、あるようで、ないのです。

面白いと思って勉強しています。

そのように、自分で自分の思うようにはならない。一切は思うようにならない苦しみである。そのことに気が付き、この自我意識を限りなく滅したところにこそ、涅槃、安らぎがある。これが仏教の教えの一番の大元にありました。

自分らしく生きるには

では、このような無常や、無我や、空の教えを、今皆さん方が学んで、一体何になるのでしょうか。しかしながら、この現実の世の中において、生きづらさというのでしょうか、自分の思うように生きられない、あるいは自分自身というものについて何かしらの行き詰まりを感じる、あるいは世の中に対して閉塞感を感じたりと、そのような人たちが多いからこそ、こういう般若心経の空の思想を学ぼうという人がいらっしゃるのかもしれません。

最近、なるほどこういう表現があるのだと感心したものを、皆さま方にお伝えしたいと思います。神戸に須磨寺という立派なお寺がありまして、そこの小池陽人さんという方が書いていた言葉です。

人と比べて、どうして私はこんなこともできないのだろうと、自分を無価値に感じてしまうことはありませんか。奈良の薬師寺の高僧・高田好胤先生は「空（くう）」を「偏らない心、こだわらない心、とらわれない心」と説きました。人と比較して落ち込んでしまうときこそ、その3つの心を持つべき瞬間ではないかと思います。「自分はこうでなくちゃいけない」と理想に押し潰されそうになったら、立ち止まって考えてみてください。あなたの本当の価値は、人と比べて決まるものでしょうか。「空」とは自分の物差しを疑い、自分にとって本当に大事なものを見つける旅でもあるのです。

（小林弘幸・小池陽人監修『自律神経を整える　般若心経なぞり書き練習帖』扶桑社ムック）

どうも、周りの人と比べて「自分は駄目だな」と思って落ち込んでしまうことはないでしょうか。実に「一切の苦しみは比べるところから起きる」と言われた方もいらっしゃいます。そこで、この「自分の物差しを疑う」という、この辺りが、自我に固執する見解をうち破るということなのでしょう。自分の物差し、それは本当に自分の物差しですか。どこかで誰かにすり込まされたものではないですか。少し疑ってみて、そのようなすり込まされたものや思い込まされたものを全部取り除いていくと、自分が本当に自分らしく生きるにはどうしたらいいのかということが、かえって明らかになってくるという一面があります。このようなことを学んでおくと、きっといいと思うのです。

禅僧たちの生き様

かたよらない、こだわらないということによって、実に苦しみから解放される、楽に生きることができるということは、歴史の上でもいろいろと実証されています。私どもは臨済の禅を学びます。その禅僧たちの魅力について紹介いたします。

昔、中国で仏教の大弾圧というものが幾たびかありました。その中でも激しかったものが「会昌の破仏」と言われます。西暦八四四年頃、たくさんの寺が壊されてお坊さんたちは還俗をさせられます。お坊さんをやめさせられて、一般の俗人にさせられる、そのような仏教大弾圧が過去にあったのです。大変だと思います。日本においても明治の初め頃に、ほんのわずかな期間で済みましたが、このような仏教の弾圧がありました。

しかしながら、禅宗のお坊さんたちはそのような迫害の中で、かえって生き生きとした、と言うと少し語弊がありますが、それにくじけることなく、むしろ積極的に生きていたのです。

なぜかというと、彼ら禅僧たちは何事にもこだわらないからです。壮麗な寺院の建築にもこだわらないのです。大寺院・大僧院の奢侈にも一切頼る必要がありません。立派なお寺を建てて、それを守るなどということに、禅宗のお坊さんはこだわるものを持たないのです。

彼らは実に、仏典にさえ依存する必要はないのです。これが禅宗の、よいか悪いか、よその宗派とは異なる、大きな特徴であろうかと思います。依りどころとする経典を持たないのです。ただ縁に従って般若心経なり観音経なりを読んでいるというだけであって、それを自分の依りどころとして持つことはしないという教えですから、別段、経典が燃やされてしまっても、廃棄されたとしても、禅宗のお坊さんはそれにこだわることがないわけです（参考：小川隆『禅僧たちの生涯』春秋社）。

そしてさらに、これもあまり褒められたことではありませんが、仏像というものについてもこだわりはなかったのです。理論的に、さらには実行において、偶像破壊的であったと言われ、実際に昔の中国には、寒い冬の日に仏像を燃やして暖まっていたというお坊さんもあったくらいです。決して今、真似をしてはいけませんが、しかしそれほどまでに、建物にも、経典にも、それから仏像にすらこだわらず、自分の身一つあればどこでも坐禅ができる、どこでも生き生きと生きることができるというのが禅僧の特徴でした。

ですから、私がここで申し上げたいことは、こだわらないという心は大きな生きる力になっていくということです。それは苦しみからの解放であるということです。

しかし、人間にはすべてのこだわりをなくすということは難しいと思います。やはりある程度のこだわりがあるから、それが生きる力になっていくのだと思います。全部のこだわりを除こうなどと無理なさる必要はありませんが、こだわらないという生き方は、苦しみからの解放をもたらすということを伝えたかったのです。

このようなことをお釈迦様は、どんな苦しみが生ずるのも、すべて無明、無知によって起こる。苦しみが生ずるのはすべて妄執、これが自分自身に対する執着、あるいは自分自身が見る、見えるもの、聞こえるもの、味わうものに対する執着によって起こるものだと説いているわけです。苦しみの原因は「無明」、真理を知らない無知であるということと、「妄執」、ありもしない自我を実在と思い込んで、執着することです。自我に対する見解が苦しみを生み出します。

トンネルを描く

そこで、自我が実在しないという一つの譬えを申し上げたいと思います。皆さん方に、A4の白い紙でもお渡しして、「それでは今から、トンネルの絵を描いてください」と申し上げたいのです。

いかがでしょうか。トンネルを描こうとしますと、大抵の場合、まずは地面を描くでしょう（図i）。その上に、まるでかまぼこのようですけれども、半月形を描くと思います（図ii）。それから「何々隧道《ずいどう》」という銘板を描きます。大体のトンネルには名前があり、当時の県知事などが書いているような場合が多いと思います（図iii）。さらに山を描きます（図iv）。そうすると、皆さん、これはおそらくトンネルに見えるのではないでしょうか。

しかしながら、いざどれがトンネルかと問うてみると、実は、私が描いた地面も、壁も、名前も、その背後にある山も、どれを取っても、それはトンネルではありません。

トンネルとは、空間なのです。「トンネルを描け」といっても、私たちはトンネルの周りにあるものしか描くことができませんし、感じることもできません。本来、トンネルは描けないのです。

トンネルを造るにも、穴を掘って、壁を固めて、先ほどのような手順を踏むでしょう。地面と、掘り抜いた周辺の壁によってできたものを、私たちは「トンネル」と思っています。しかしトンネルの本質は、この空洞にあるのです。トンネルは、空、空っぽです。これは皆さんもご理解いただけるのではないでしょうか。

このような譬えというのは、『エゴ・トンネル』（トーマス・メッツィンガー著、岩波書店）と

i

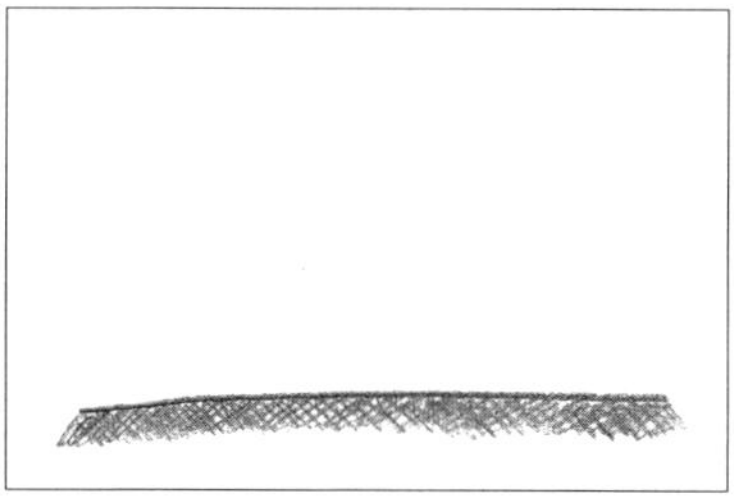

ii

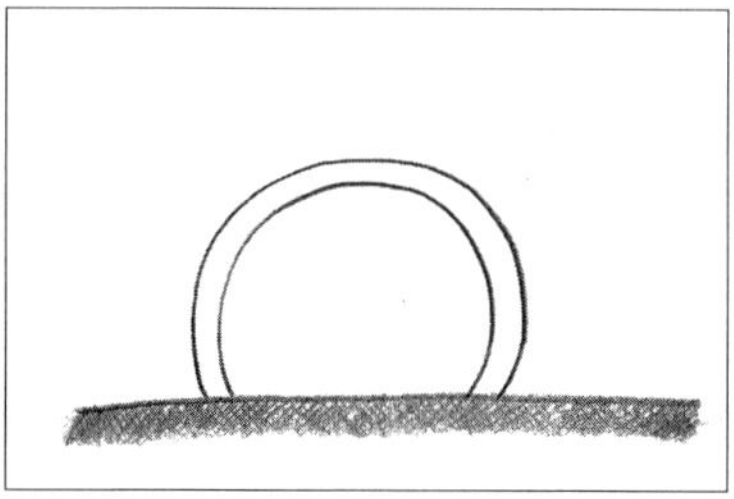

iii

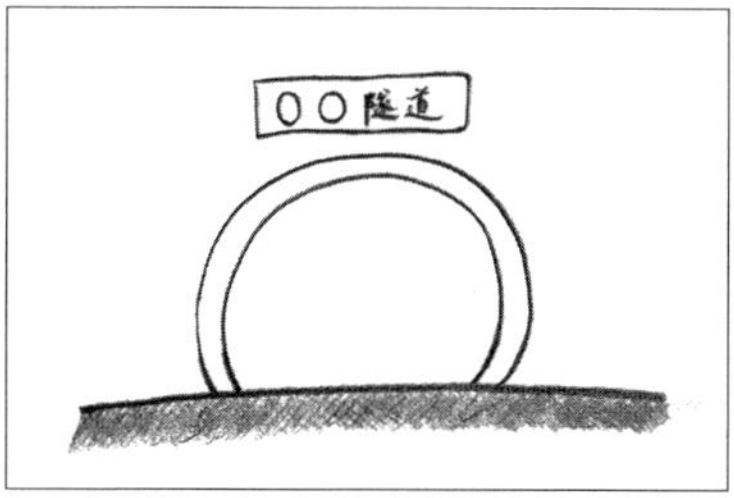

iv

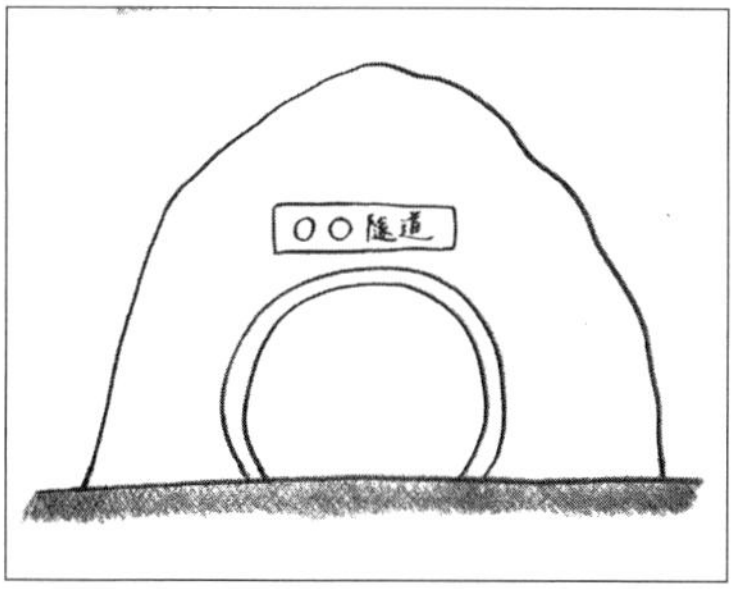

いう本から学びました。最先端の心理学や哲学の世界から、自我とはトンネルのようなもので、その周辺のものがあるだけであって、その中身は空洞であると。周りにある壁や名前のようなものでしかないとすれば、すなわち、自我は実在しない、空っぽであるというのです。「エゴ・トンネル」とは、面白いことを言うと思います。

地面も壁も名称も、それらはトンネルでありません。トンネルではないものでトンネルを表すより仕方がないのです。トンネルでないものの合成がトンネルなので、その本質はというと、空っぽであるということ、空性です。これは実際、空っぽでなければ困るのです。空っぽであるから、多くの人がそこを通れるわけです。

このようなものの見方に少しずつ慣れていくと、だんだんと「色受想行識は空性である」という見方にも親しんでいくことができると思うのです。

砂浜に遊ぶ

この間、私どものお寺に佐々木閑先生にお越しいただきました。自我意識が苦しみを生み出すということについて、大変分かりやすい譬え話をしてくださいました。

今年は、鎌倉も三年ぶりに、海開きと言いまして、海開きというのも不思議な言葉で、別に蓋をしていたわけではないのですけれども。何を開くか分かりませんが、海開きというものがありまして、三年ぶりに海水浴をする、その海の波打ち際で、子供が砂の城を作って遊んでいます。そこへ波が押し寄せてきて、砂の城を崩して流していったとしても、子供はそれで悲しんだりはしません。それでもう嘆き悲しんで立ち上がれないということはないでしょう。むしろ流されて「ああ、流れた」といってキャッキャ、キャッキャと遊んでいるわけです。

ところがその後、われわれは大人になると、自分の家が流されることが苦しみになるのだと。なかなか厳しい譬えですけれども、言われてみれば、確かにそうです。

子供は、この砂の城が自分の城だという観念はないのでしょう。遊んでいますから。これは自分のものだという観念はありません。波が来ればやがて流されてしまうということも、子供ながらに分かっているのでありましょう。自分のものではない、これはやがて流れていくのだ、すなわち無常であり無我であるということを子供なりに感じていますから、流されても、それは苦痛でも何でもなくて、逆にキャッキャ、キャッキャと楽しんで遊んでいます。

ところがわれわれ大人は、私などもそうですが、たとえば崖が崩れて寺の建物が損害を被ったとすれば、大きな苦しみを受けます。この原理から考えれば、それを「自分のものだ」

と思い込んでいるのです。「我」と「我所《がしょ》」という言葉があり、「我我所《ががしょ》」と言います。我は「これが自分だ」と、我所とは「自分の所有、私のものだ」ということです。「これが私の砂の城だ」と思い込んだら、子供であっても、「どうして私の城の砂を壊したんだ」とけんかになったり、あるいは砂の城がなくなって嘆き悲しんだりすることになるのかもしれません。

ですから、砂の城が流されてしまうということ自体は、苦しみの原因ではないのです。自分の思うようになる、自分のものだと思い込むことが、苦しみの原因なのです。理論的にはご理解をいただけるのではなかろうかと思います。実際には難しいですね。私などもやはり財布がなくなったら困ってしまいます。

煩悩の根っこ

この間、ダライ・ラマ猊下の本を修行僧たちと勉強していて、この「般若波羅蜜」ということについて分かりやすく書かれていました。

「個々人の心に平和を作り出すためには、煩悩が克服できるかどうかという問題が重要になります。

煩悩を克服するためには、まず煩悩の根を断ち切らねばなりません。煩悩の根とはものごとを実体的に存在していると構想する『無知』です。」

「無知は事物がそれ自身において存在していると把握します。

しかし、実際に対象はこのような仕方では存在していません。それゆえに、この無知を克服するには正しい論理をもって、実体的に構想された対象を拒絶しなければなりません。

対象は実体として存在していないと、あるいは、それ自身において、自分の力で存在していないということを悟らねばなりません。正しい論理を通じて、無知の意識によって構想された対象は本当には存在していないものであると確信することが重要なのです。」

「無知を根こそぎ断ち切るためには、その無知に対抗して働く『空性を悟っている智慧』が要求されます。」

（ダライ・ラマ『ダライ・ラマの仏教入門』光文社知恵の森文庫）

人の心に平和を作り出すには、煩悩が克服できるかどうかが重要なのです。これが自分だと思い込む、自分のものを欲しがる、自分のものはずっと続くと思い込む、そうしたことで、貪りを起こしたり、あるいは逆に攻撃的になったりする。このような煩悩が、私たちの心の平和を取り乱すのです。平和を壊す原因は何かというと、私たちの煩悩にあるという、これが仏教の見方です。

では、煩悩を克服するためにはどうしたらいいのでしょうか。煩悩の根を断ち切らなければなりません。煩悩の根とは、ものごとを実体的に存在していると思い込むことです。何かの条件によって成り立っているのではなく、それだけで独立して存在していると思い込むのです。

砂の城であれば、「これは、砂を仮に寄せ集めた集合体にすぎないのではなくして、揺るぎない砂の城だ」と、そして「いつまでも砂の城である。私の砂の城として変わらずあり続けて、他の誰のものでもない」などと思い込んでしまうのです。しかしこれは無知であり、真理ではありません。実際には、対象はそのようなあり方では存在していません。このような無知こそが煩悩の根っこです。それを断ち切らなければならないのです。

馬車というものはない

仏教の般若思想を理解するときに、中観派という一派がありました。その中でも帰謬論《きびゅうろん》証《しょう》派（プラーサンギカ）という一派がありまして、これなどは面白いことを言うのです。「馬車というものはありません」と。

今ここには、確かに馬車はありません。しかし、彼らは実際に馬車を見せながら「馬車というものはない」と言うのです。見たら馬車に見えるのですけれども、「では、その部品を解体してみろ」と。すると長い棒や丸い輪に分けられます。そこで長い棒を示して「これは馬車か」と言うと、それは馬車ではないでしょう。丸い輪を取り出して「これは馬車か」と言うと、馬車ではないでしょう。馬車でない部品が仮に寄せ集まって、今、馬車と呼んでいるにすぎないのです。

その馬車も、もし走らなくなって粗大ごみ置き場にでも放っておかれたら、もはやそれは馬車ではなくて単なるごみでありましょう。解体して、その部品を机にしたのなら、それは今度は机でしょう。ですから、馬車なるものはないのであると、このような面白い譬えをするのです。

この建物も教堂と言いますが、帰謬論証派の理論に従えば、教堂というものはないのです。「そんなことはない。教堂で授業があるから、教堂に来ているんだ」と思うかもしれませんが、もしこの椅子を外へ持っていって「この椅子は教堂ですか」と言うと、教堂ではないでしょう。この板を剥がして「これは教堂ですか」と言うと、教堂ではないでしょう。全部、教堂ではないものが寄せ集まって、今、仮に教堂となっているると、そのように考えるのです。

ひょっとして万が一、考えたくもありませんが、この大学というものがなくなってしまって、これがそのままよその大学になりました、ミッション系の大学になりました、ということで、この建物は教会にちょうど都合がいいということになれば、これはそっくりそのまま教会となるでしょう。ですから、教堂という実体は存在しないと、そのような考え方です。

仏教の空の思想では、変わることのないものは存在しないのです。実在として存在していないということ、あるいは、それ自身において、自分の力で存在しているのではないということを悟らなければなりません。

空性を悟る智慧——般若波羅蜜

無常であるのに、ずっと変わることなくあり続ける、自分のものなどはないはずなのに、自分のものとしてあり続ける、そのように私たちは思い込んでいます。このように無知の意識によって構成された対象は、本当は存在していない——実体がない——と、正しい論理を通じて確信することが重要なのです。

無知を根こそぎ断ち切るために、その無知に対抗して働くのが「空性を悟っている智慧」です。しかしその智慧――般若波羅蜜――というものは、話を聞いてそれだけでぱっと分かるかというと、その辺りはなかなか難しいものです。やはり私たちは「自分のものだ」「変わらないものがあり続ける」と、心のずっと深いところで思い込んでいるもので、その考えは簡単に取れるものではありません。それ故にさまざまな仏教において、修行というものがどうしても必要になってくるのです。

無知に対して働く「空性を悟っている智慧」、まさしくこれが、私たちがこうして学んでいる般若波羅蜜ですが、これを完成することができたならば、苦しみから解放されるのです。ですから、完全に理解して身に付くところまではいかないにしても、このような般若心経的なものの見方や、空の思想を学んでおけば、小池陽人さんの言葉をご紹介したように、ある程度の苦しみが軽減されて、こだわることなく安らかに生きる、そのような力になっていくことはできるのです。そう思って、こうして講義をしているのであります。

物質的現象を離れない

さて、それでようやく今日のところです。

舎利子《しゃりし》　色不異空《しきふいくう》　空不異色《くうふいしき》
色即是空《しきそくぜくう》　空即是色《くうそくぜしき》
受想行識亦復如是《じゅそうぎょうしきやくぶにょぜ》

舎利子よ、色は空に異ならず。空は色に異ならず。色はすなわちこれ空、空はすなわちこれ色なり。受想行識もまたまたかくのごとし。

シャーリプトラよ、
この世においては、物質的現象には実体がないのであり、実体がないからこそ、物質的現象で（あり得るので）ある。

実体がないといっても、それは物質的現象を離れてはいない。また、物質的現象は、実体がないことを離れて物質的現象であるのではない。

（このようにして、）およそ物質的現象というものは、すべて、実体がないことである。およそ実体がないということは、物質的現象なのである。

これと同じように、感覚も、表象も、意志も、知識も、すべて実体がないのである。

これがなかなか難しいのです。こうなってくるとだんだんと、なかなかついていけないというのが多くの人の感じるところではないかと思います。少しずつこの考え方、この教えを学んでいきましょう。

空について、それは「実体がない」ということを繰り返しお伝えしてきました。トンネルが空っぽであるようなものです。そのものとしての本体がないことです。馬車という実体があるのではなく、いろいろなものが集まって仮に「馬車」と呼んでいるにすぎないのです。そのものとしての実体を持っていません。馬車という本体はありません。実体としてのあり方ではないということです。これが、空ということの一番の理解でした。

「色不異空」の色は、物事、物です。それは、空というあり方と別ではありません。机でも床でも、私たちが見ているものは、空であり、実体を持つ存在ではない、本体を持つ存在ではないのです。

それでは「実体がない」というあり方はどのようなものかというと、実体がないというものだけがあるということはないのです。実体がないということは、必ず色なり何なり、この現実の世界にあるのです。たとえば、この机に現れています。この椅子に現れています。この私の身体に現れています。私の身体や机などの現象の世界を離れて、実体がないという、空だけが存在しているわけではないのです。トンネルもそうでしょう。トンネルという空洞だけでは存在しないのです。

空っぽの身体

「色即是空　空即是色」、色は即ちこれ空である、空は即ちこれ色である。「受想行識亦復如是」、受想行識もまた空である。これはまず、私たちは五つの要素によって作り上げられた映像を見ているにすぎないという話でした。しかしそのように、ヴァーチャル・リアリティや『マトリックス』の世界になぞらえて、外に見えている世界が空であるのだとすれば、そこからさらに、それを見ている私の身体と心も丸ごと、そのまま自己全体も空なのです。

こうなってくると、理解が大変に難しいのでして、空の対象的理解を超えているのです。この辺りはやはり、学問として学んでいく上での、哲学的、思索的、理論的な解釈だけでは理解の届き難いところがどうしてもあるように、私などは感じます。そのように見たり感じたりしているあなた自身も、これまた空なのです。色も空なのです。

近頃読んでいた科学の本にありましたが、面白いことに、私たちのこの身体というものは空っぽなのだそうですね。この身体というのは、原子の集まりで、原子というものは、中身がほとんど空洞だと言うのです。九九・九%は空っぽなのです。空っぽのものが集まっているだけですから、これは空っぽなのです。そこには電磁波というエネルギーだけがあって、プラスとマイナスの働きによって触れているように感じているだけであって、この物体というものは実は空っぽであるということなのだそうです。

お釈迦様の説をまつまでもなく、この身体は実はそのまま、空っぽ、空性《くうしょう》なのです。そこまでは理解できなくても、たくさんの細胞の集まりであることぐらいは、われわれも理解できます。そして、その細胞も常に変化していくということなども、理解できると思います。

空の禅的解釈

色とはそのように、現象として現れているものです。さて、この辺りから、今まで説いてきたような空の話からは少し飛躍をします。空というものに、平等の世界、普遍の世界という、もう少し積極的な意味や価値を見出していくといった特徴が、般若経典の空思想にはあるのです。

「空」が平等の世界、本質の世界、差別のない世界、大いなるいのちの世界、仏のいのち、仏の光と説かれたりするようになっていきます。このようなことについては、今すぐには分からなくても、後の方ではそのような仏様の世界についてもお話を進めていこうと思います。

生死は即ち仏の御いのちなり

道元禅師はこのように言われました。生死とは、私たちが生まれたり死んだりすることです。この肉体は有限で、限定された現象にすぎません。しかし、そこに私たちの命が現れているということは、それは大いなる仏さまの命の働きなのです。空性です。

大いなる仏の命と、空性（空であること）が、大乗仏教において、一つにつながっていきます。そして、それはやがて慈悲の心ともつながっていきます。自分と他人とを区別することがないからこそ、空の心はそのまま、相手に対する無条件の慈悲、思いやりになるというところまで発展していくのです。

姿かたちのない、限定されたものでない、空なるものを、積極的に大いなる仏の命、仏の心と捉えていくようになります。では、その大いなる仏の命はどこにあるのか。それは目にも見えないけれども、この私の身体に現れています。この仏像であれば、一つの仏像として目の前に現れています。いや、そのような特別な姿かたちではなくても、目の前に咲いている一輪の花に、仏の命が現れています。

色は即ち空である。この一輪の花は色なるものではあるけれども、そこに空という、限定されることのない無限の仏の命が現れているのだという、これは禅的な解釈です。

「鏡に影の映るが如く」

盤珪禅師という方がいらっしゃいまして、私はこの盤珪禅師の教えをよく勉強させてもらっています。

舎利弗、空と云ふは、色をけして空じゃと云ふてはなきなり。一切の法式、ありとあらゆる色体の上、さまたげずして相を見ず、故にありありとありながら空なり。山は山の如く、川は川の如く、人は人の如く、十界の境界、ありの儘で一つもきらふこともなく、にくむこともなく、あいすることもなく、鏡に影の映るが如く、善は善の如く、悪しきことは悪しきとしり、一つも覚ちがえもなく、さはりなき時は、十方世界、一時に見開いて、色の上有りの儘なり。

（盤珪『心経抄』）

空というのは、色をなくすのではない。こうしてありありとありながら空である。
山は山の如く、川は川の如く、人は人の如く、ありのままで一つも嫌うこともなく、にくむこともなく、あいすることもなく、それはあたかも鏡に影の映るように、善いことは善いように、悪いことは悪いように、何のさわりもなく、すべての世界が鏡のように現れるのである。

鏡というのは確かに物ですけれども、鏡に映る姿には、実体はありません。額縁に入った絵であれば、そこにあるのは同じ絵でしょうけれども、鏡というものには特定の絵がありません。これが空性という考え方です。

そして、何も映らない状態というのもないのです。真っ暗闇の時は、真っ暗闇が映るのです。何かが映っているということが、自由に映ることであり、実は鏡の空性ということなのです。

空の中には何もありません。そうであるからこそ、あらゆるものがその中から現れてくる。譬えていうならば鏡のようなものです。鏡の中には何も存在しません。だからこそ、あらゆるものを映し出すことが可能なのです。

私たちの心とは鏡のようなものです。鏡ですから、その鏡に映るものには実体がありません。しかし、実体がない空であるということは、同時にいろいろなものを自由に映し出します。気に入ったものが映ったからといって、ずっと映り続けていてほしいなどと願ったりすることはありません。自由に映し出します。これが鏡の空性です。トンネルの本質も空性だと言いました。空性であるから、自動車も人間も、犬や猫でも、自由に通ることができるのです。そのように、自分の心を空っぽにしていく修行をするのが、私たちの坐禅なのです。

「若葉にしたたる日の滴」

小笠原秀実《おがさわらしゅうじつ》先生という方の「般若心経意」という、禅宗的な般若心経の、とらわれない、こだわらない、空の心の自由さ、豊かさをうたった言葉を、最後に紹介したいと思います。

形あるものは　すべてこわれてゆく
花のように　人のように　楼閣のように
されど形なきものは　虚空のように
大空のように　いつまでも　こわれることを　知らない
形ある　すべてを棄てた心
変りゆく　すべてを離れた心
それが　空の心である

碧の大空のように
空の心は限りもなく　涯もなく
増えることもなく　減ることもない
こわれゆくこの世のすべてを離れるが故に
生きることにも迷わず
つまずくことにも惑わず
唯すべての畏れを離れる
若葉にしたたる　日の滴が
すべてを包み　すべてを　はぐくむように
空の心は　何物をも許し
何物をも育ててゆく
それは限りなき楽しみであり
無我の明《さやけ》さである

朗らかなる空の心よ
暖かく　滴たる空の光よ

（八木康敏『小笠原秀実・登』リブロポートより）

「形あるものは　すべてこわれてゆく」。花もそうです。人もそうです。楼閣とは立派な建物ですが、どのような建物であっても、やがて壊れていきます。けれども「形なきものは虚空のように」。虚空とはこの広い空間です。広い空間というものは鏡の中身のようなものです。

そして、「碧の大空のように空の心は限りもなく涯もなく、増えることもなく減ることもない」。鏡にいろいろなものが映ったからといって鏡は増えることもありませんし、映ったものが減ったからといって減ることもありません。そのようなものがお互いの心の本体なのです。

「若葉にしたたる日の滴がすべてを包み、すべてをはぐくむように、空の心は何物をも許し何物をも育ててゆく」。トンネルのようにどのようなものをも通していく、どのようなものをも受け入れることができます。

「それは限りなき楽しみであり、無我の明《さやけ》さである。朗らかな空の心よ。暖かく滴る空の光よ」と、なかなかこれは、大変に格調が高く、素晴らしい言葉だと思い、空の心として紹介いたします。

そして、その空の心を学ぶことによって、どのようなことが得られるのか。禅宗的な解釈で申し上げますと、これは、妙心寺の管長もお務めになられた倉内松堂《くらうちしょうどう》老師の言葉です。

こだわりのない人の　おおらかさ
とらわれのない人の　大きさ
なにもない人の　豊かさ

空を学ぶ、般若心経の空を学ぶということは、今日の話のようになかなか難しい、理解しにくいところも多いと思います。しかし、安心してください。なかなか分からないのが般若心経だと思っていれば、それほど気にすることはありません。

しかし、何となしに、こだわりのない人のおおらかさを感じる、とらわれのない人の大きさを感じる、なにもない人の豊かさを感じる。このような感じ、感覚、感じ方を持っていただければ、私はまずよろしいかと思うのです。今日の話はここまでとさせていただきます。

第4講　宇宙よりも広い心

——是諸法空相

暑さ寒さはどこにあるのか

今日は大変いい気候になったと思います。ここ数日はまるで、暑い夏から、秋はどこかに行って一遍に冬になったかと思うような寒さが続いていたのです。さすがにこのまま寒い冬になるということはないのだと思いますが。今日辺りは、雨上がりでしょうか、空気が澄んでいて、何ともいい陽気だと思います。

そこで、皆さん方に少し考えてもらいたいのですが、この暑さ寒さはどこにあるのでしょうか。何か暑さ寒さというものがどこかにあるのでしょうか。

どうでしょうか、ついつい私どもは、暑いと大変だと思いますし、またじきに寒くなってくれば寒くなったで、寒いのが大変だと思います。するとそれは、何か暑さのようなものがどこかから飛んできて、私たちを苦しめているのか。あるいは、何か寒さというものがやってきて、私たちが苦しめられているのでしょうか。暑さ寒さと言っているけれども、それは一体何でしょうか。

ただ単に「暑いから大変だ」「汗をかいて大変だ」ということではなく、この暑い寒いとは何なのだ、暑さはどこにあるのか、寒さはどこにあるのかと、そのようなことを考えることは、日頃はまずないと思いますが、このようなところを見ていくのです。

先月、お彼岸の少し前の頃は結構暑かったのです。私なども、いくら修行をしておりましても、やはり暑いものは暑いと感じるのでして、「ああ、暑い、大変だな」と、やはり感じるものです。しかし、それは最初だけで、ずっと感じるわけではありません。

謦咳に接する

禅を教える、禅を伝えるということにおいては、もちろんこうして、お経の言葉や禅の語録を解説して、頭で知的に理解する、これは当然大事なことです。しかしながら仏教や、特に禅を学ぶということには、それだけではない一面があるのです。

それを禅では、「心を伝える」といいます。「以心伝心」という言葉を皆さんは聞いたことがあるでしょうか。「心を以て心に伝える」「心を以て心を伝える」といいますか、心から心に伝えるのです。では、心とはどのようなものかというと、これもまた「心とは何だ」と考え出すと大変に難しいことですが、その心から心に伝わるとはどのようなことかというと、やはり一番大事なこと、特に禅の教育において大事なことは、こうして同じ場所にいるということです。

「謦咳《けいがい》に接する」などという言葉がありますが、これは咳き込み、咳き《しわぶ》、そのようなものに触れるということです。これはオンラインでは伝わらないことでありましょう。同じ場所にいる、同じ空間にいる、その人がいるだけでその空気が違うということが、実際にあるものです。

私は知り合いの漢方医の先生と懇意にしておりまして、その先生と「人間が死ぬという恐れや不安から解放されるにはどうしたらいいのか」というようなことをテーマに、長い間、対談を続けています。死の恐れや不安とは人間誰しもあるものです。学生さんたちは、まだお若いうちはぴんとこないかもしれません。しかし人間は、若いからといって大丈夫だ、安心だという保証はどこにもないのです。

その死の恐れや不安、「死んだらどうなるのか」という問題について答えてくれるのが宗教です。キリスト教なり、あるいは他の宗教なり、いろいろな答え方があろうと思います。仏教にもいろいろな種類がありまして、阿弥陀様が救ってくださると教えてくれるところもあります。禅の立場は、今学んでいる空の教えです。空の教えに触れればそのことから解放されるのです。

そして、その先生の言われるには、一つのヒントとして、やはりその死の恐れや不安を克服したような人、死の恐怖から解放されたような人の側にいることが、安らぎを得る一番の近道であるということなのです。これは、死んでどうなるなどということを知的に教えてくれるのではなくて、そのようなものを克服したような人の側にいることで伝わっていくものがあるということです。そのようなことがあるのです。

日本のさまざまな古典の芸能などにも、似たようなところがあると思います。師匠の鞄持ちをしたり、一緒に電車に乗ったり車に乗ったり、犬の散歩をしたり、庭の掃除をしたり、食事をしたり、そのようにして側にいることによって伝わるものもあるのです。

苦悩を引きずらない

ですから、このような教室で一緒に学ぶということには大きな意味があります、今、この同じ場にいて、同じ空気を吸うことが、大きな何かになるのです。私も日頃から、それが大事だと思うものですから、大学の摂心と聞けば、「よし、じゃあ、皆さんと一緒に私も坐禅しましょう」などと言ったのです。そうして坐禅に行ったのですが、実際は大変暑いものですから後悔してしまって、「こんな暑いときに、そんなことを言うのではなかった」と、私などでもそのような気持ちは起きるのです。

しかし、そうした気持ちもずっとは続きません。これはやはり仏教や般若心経を学んだおかげです。この暑さとは何だろうか、大変だというこの思いは何であろうかと考えて、少し観察していきます。これが一体何なのかといいますと、結局のところ、般若心経で繰り返し説いているように、五つの要素の集まりにすぎないのです。

暑さという苦しみの塊がどこかから飛んできて、私を苦しめているわけではありません。苦しみという塊に私たちが押し潰されようとしているのではないのです。しかし、漠然と「暑いのが大変だ」「苦しいのが大変だ」とばかり思っていると、そこから解放されることはありません。

その苦しみは何であるかというと、まずは色《しき》、お互いの身体があります。その身体には感覚器官があります。これから詳しく学びますが、眼があり、耳があり、鼻があり、舌の感覚があります。暑い寒いの場合は、皮膚の感覚です。その感覚器官が外の空気に触れて、今、温度を感じているのです。

感じるということは、心地よいか、不快かということです。今日などは快の方を感じるでしょう。「心地よい」と感じます。逆に、先だっての猛暑の日などは、たらたら汗が出てきて「暑いな」と、それはやはり不快に感じます。

この辺りは人間の身体の自然な反応で、生きていくための反応でもありましょう。人間はこの現実の世の中で生きていくために、敵と思うようなもの、自分の身体に危険を及ぼすようなものには「危ない」と感じるのです。感受というものが誰にでもあるのでして、それで「心地よい」「今日は暑い」などと感じるのです。

するとそのときに、さまざまな想いというものが湧いてきます。「心地よい」「今日は爽やかだ」と感じると、喜びの気持ちが湧いてきます。「何だか今日はいいことがありそうだ」という気持ちになります。

そうすると、今度はもっとその思いが強くなるのです。「気持ちいい」「うれしい」と思うと、「この状態がずっと続いてほしい」「もっといいことはないであろうか」というように、思いが強く増幅されて、形成されていきます。これを行《ぎょう》（サンカーラ）といい、意志と訳しました。

逆の場合もあります。先月の私のように「暑いときに坐りに来てしまった。汗で衣が濡れてしまうな」などと、くだらないことを考えるものです。そうすると、だんだん不愉快な思いが強くなっていきます。

しかし大事なのは、それにずっと振り回されてしまうのか、それが一瞬のうちに消えてしまうのかということで、人間が苦悩を引きずるか、苦悩から解放されるかの別れ目です。そうした嫌な思い、憎しみの情は、それを取り除きたくもなりますが、特に坐禅などをしてしまえば、暑さからは逃げようがありません。坐禅堂にはエアコンもありませんから、今から冷房をつけてくれというわけにもいきません。その結果、認識を得ます。「九月の摂心は暑い。大変なものであった」という認識です。これが私の記憶に残っていくわけです。

道理をみる

このように「暑い暑い」「大変だ大変だ」と思っているものは、その「暑い」という塊があるわけではないのです。「大変だ」という苦しみの塊があるわけではありません。冷静に分析してみると、五蘊という五つの構成要素にすぎないのです。

五つの要素が集まって、仮に私は今それを苦痛のように感じているにすぎないのだと観察しますと、その苦しみは七、八割減ります。何か暑さや苦しみの塊に押し潰されそうになっているところから、「ああ、それだけのことなのだ」と、苦しみの正体が分かるのです。正体が分かる、仕組みが分かると、人間は恐れや不安から解放されます。

よく譬え話で申し上げるのが、お化け屋敷に行くことです。お化け屋敷というものは、子供には仕組みが分かりません。本当にお化けがいるのかどうかも分かりませんから、怖いのです。しかし、ある程度の年齢になれば、多少は驚いたとしても、次の瞬間には「なかなかうまいことできているな」「大したもんだ」「ここの出来はちょっとよくないな」というように見ることができるようになります。そうすると、もう恐れや不安からは解放されるのです。「これは人間の作り出したものだ」と、きちんと仕組みが分かっていれば、どれほどいろいろなものが出てきても、「次はどういう仕組みのものが出てくるだろうか」と、むしろその状況を楽しむことができます。

そのように、正しく物事の道理を見るのです。般若心経で説くのは、般若波羅蜜という智慧の完成です。道理を明らかにすることによって苦しみから解放されるということです。

今、世の中にはいろいろな不安がありますから、皆さん方も「いや、大変なときに生まれてしまった」「これから不安だ」と思っていることでしょう。しかし、不安とは一体何なのでしょうか。不安という塊があって、運ばれてきたというわけでは決してありません。いかなるものであろうと、五つの構成要素がすべてを作り出しているのです。それ以外のものは、この世の中にはないのです。まず、これが般若心経の第一番の教えでした。

やがて消えゆくこの身体

先ほどのように、暑い中で坐禅をすれば、汗も流れて、確かに一瞬、ほんのわずか時間ですけれども、「ああ、大変だ」という思いも自然と湧いてきます。しかし次の瞬間には、「これは、肉体が外の空気に触れて感じて、そのようなことを思っているにすぎない。五つの構成要素にすぎない」と分かります。さらにこれまで学んできたように、「五つの構成要素というものも、仮に現れた現象にすぎないものである。ずっとあるわけではない」と分かるのです。

お互いの肉体でもそうです。この肉体があり続けるということは決してありません。先ほどここへ来るときに、掲示板にいい言葉が書いてありました。

やがて消えてなくなるお互いのこの肉身、
この無常の身体の真っただ中に永遠を発見しなければならん
（山田無文）

この身体というものは、やがて消えてなくなるものです。元々数十年前にはなかったですし、やがて消えてなくなるものであります。そして、ここのところは難しいのですけれども、ずっと坐禅をしていきますと、ここにありながら、風が吹いてきたならば、この身体を風が通り抜けていくように感じます。この身体も固まったものではない、実体のあるものではないという感覚になるのです。この身体も空です。今、仮にいろいろなものが合わさって、この身体があるように見えているにすぎないのです。

何度も、雲のようなものという譬えをしました。水蒸気がたくさん集まって、雲の塊のように見えています。私たちのこの身体も、何十兆もの細胞、あるいは水分が六〇%や七〇%、骨や血液など、そのようなものが集まって、皮膚に包まれて、仮にこうしてここに浮かんでいるにすぎないものです。ましていわんや、身体がそのようなものであれば、その身体に感じるもの、感じるということも、一瞬のうちに消えていくものでしょう。

先月の話が参考になるかと思い、こうして思い出してお話をしていますけれども、残っているのは、最後の認識だけです。「先月の摂心は暑かった」と、くだらない認識が残っているだけで、そのときの暑かったという感覚は、既に私の皮膚のどこにも残っていません。そのときの感情、想念というものも、もはや残っていません。「大変だな」というような思いも残っていません。ただ「大変だった」という認識が残っているだけであって、この五つの構成要素にすぎないのです。

その五つの構成要素も――この肉体も、今感じているこの暑さも、「暑いのはかなわない」という思いも、「早く終わればいいな」という私の意志の働きも――すべては空であるということを観察すれば、七、八割の苦しみは消えると最初に言いました。けれども、その五つの集まりもことごとく実体のないものであると見たならば、残りの二、三割の苦しみも消えます。そうして全部消えます。あとはただ、そこで坐っているだけです。

もちろん暑さはなくなりません。感じていることもなくなりません。感じても、それにとらわれない、暑さ寒さにこだわらないのです。それに苦しめられることはありません。暑さ寒さがあっても、平気になります。

この世にあるものは五つの構成要素であるということをまず見るのです。それによって苦しみから解放されます。

あらゆるものは因縁生である――無自性・無去来

さて、今日学ぶのはこの辺のところです。

無《む》眼《げん》耳《に》鼻《び》舌《ぜっ》身《しん》意《い》　無《む》色《しき》声《しょう》香《こう》味《み》触《そく》法《ほう》

短い経典ではありますが、やはり前回のところと似たような繰り返しが出てきます。感じるというのは、眼、耳、鼻、それから舌、そしてこの皮膚の感覚、ここまでが五感です。そしてもう一つ、意識、心の働きがあります。この働きによって、私たちはいろいろなことを思うことができます。今ここの現実にないものでも、遠くウクライナのことまで、私たちは思い巡らすことができます。

眼で見る対象のことを色《しき》といい、これは色かたちのあるものです。耳で捉える対象を声《しょう》といいました。鼻で嗅ぐ対象が香《こう》（かおり）です。舌の対象が味《み》（あじわい）です。身体で触れるのは触《そく》、これは現実に何かに触れるということもそうですし、外の空気に触れるということもそうです。それから、心の働きで、あれこれ思う対象のことを法《ほう》といいました。

五感
眼↓色（見る対象）
耳↓声（聞く対象）
鼻↓香（嗅ぐ対象）
舌↓味（味わう対象）
身↓触（触れる対象）

心の働き
意↓法（思う対象）

これらは、どれ一つを取ったとしても、無常であり、無我であり、実体はないのです。

無常とは、変化していくものです。この身体はずっと変化していきます。皮膚の感覚も、味わうことも、ずっと変化していきます。

無我ということは、実体がないということを言いました。ずっと変わらない固いもの、固定したものがあるわけではないのです。暑さ寒さという実体はない、これが暑さだというような塊、これが苦しみだという塊があるのではありません。実体がないのです。

では、実体がないとはどのようなことであるかと言いますと、それは様々な条件によって起こるのです。私という身体が坐禅堂に居て「暑い暑い」と言いましたけれども、暑い中にいると、新たに感じることが出てきます。窓からいい風が吹いてくるのです。何とも言えない心地よい風が吹いてきます。そのように、感じることもすべて変化していきます。条件によって変化していくのです。

これを因縁生《いんねんしょう》といいました。固定性がないのです。ずっと暑いままということはあり得ないのです。ずっと苦しいままということもあり得ないのです。変わらずにあり続けるということはありません。また条件によって、心地よい風が吹いてきます。また少し日が経てば、つい数日前のように、まるで冬のような寒さになってきます。

そのようなことを、般若経という経典では、このような言い方をしました。

因縁生―無自性―無去来―空

般若心経は二百数十文字です。題を入れて二七六文字、本文で二六二文字の短いものです。これが『大般若経』六百巻という膨大な経典のエッセンスだと言われております。その膨大な経典をわれわれ禅宗のお坊さんは、ぱらぱら、ぱらぱらと、転読という方法で、全部読まずに、風を起こすようにしてめくって読むことがあります。そのときに唱える言葉がこの言葉です。「あらゆるものは因縁生である。因縁生であるから無自性である。無自性であるから無去来である。無去来であるから空である」。

そういうような意味の偈文を唱えます。あらゆるものは、その原因があり、条件があり、その原因と条件によって仮に現れたものです。ですから、そこに実体はないのです。実体はないから、行ったり来たりすることはありません。行ったり来たりすることはない、それを空といいます。

限定されないところ

行ったり来たりすることはないという感覚、これも少し難しいのではないかと思います。「無去来」や「無自性」という話です。

あちらに行く、向こうから来たというときに、そこに最も必要なものとは何でしょうか。私がここにいます。目的地がどこかにあります。現在地と目的地があるから、向こうに行きます。しかし一番大事なのは、そこにいる「私」というものだと思います。私がここにいるから、私がここから、目的地に行くのです。もしこの私というものが消えたならば、たとえ現在地と目的地があったとしても、ここから向こうに行くということはないはずです。

カーナビというものがありますけれども、現在地を示す三角の印があるからこそ、どこからどこへ行くという現象があり得ますが、あの三角の印がなければ、行ったり来たりすることもないのです。私たちはお互いに、五蘊（五つの構成要素）というものを、三角の印のような「私」だと思い込んでいるのです。しかし私と思い込んでいるものは、本来はどこにもありはしない。そのことが、般若心経で一番言いたいところなのです。

そうすると、行ったり来たりすることはありません。生まれたり死んだりすることもないのです。生まれたり死んだりすることはない、そのことを、山田無文老師は「永遠なるもの」と仰いました。「この無常の身体の真っただ中に永遠を発見しなければならない」と。

身体は消えていきます。しかし、その魂なるもの、宗教の中にはそのようなものを説くものもありますが、それがこの肉体からぽんと抜け出て、永遠に生き続けるという、そのようなものを般若心経は説いているわけではありません。固定されないのです。枠がないのです。大きさがないのです。大きさがないということは、実は無限の広さなのです。空というものには、限定されないという一面があります。

あるとき、新幹線を降りようとしたら、とある半導体の広告に「頭の中は宇宙より広い」という言葉がありました。いいことを言うな、これは般若心経の世界だと思い、感心したのです。私たちの頭の中というのは、一見、限定されているように思います。しかし頭の中にはさまざまな創造性や可能性があるのです。ロケットや、遠く宇宙のことまで開発することができるほどの力を頭脳は持っているので、「頭の中は宇宙より広い」という言い方をしたのでありましょう。そしてこの「頭の中」を「心」と置き換えると、これは一気に仏教の世界になります。「心は宇宙より広い」と。

しかし改めて、心とはどのようなものでしょうか。おそらく皆さんも、漠然と、心があるということを感じることはできると思います。心があるから、話を聞こうと思い、今日は心地いい日だと思うのです。では、その心とはどこにあるのでしょうか。何となく、この身体の中に納まっているように私たちは感じます。しかしこれも本当は坐禅をしてもらうのが一番いいのですが、坐禅をしていくと、自分の身体と、その外側との区別というのは、果たしてあるのだろうかと、あるのだろうけれども、だんだんとその区別があやふやになってくるのです。自分と外の世界との間には、皮膚を通じて壁があるように思うのですけれども、だんだんとそれが薄らいでくるのです。そうすると、心というものはもっと広く、自分の周囲まで広がっているような感覚がします。さらに、心の広さというのは、もっとこの部屋いっぱいにまで広がっているのではなかろうか、この屋根の上まで行くのではなかろうかと。

半導体の広告は「宇宙より広い」という言い方をしましたが、同じようなことを、京都の建仁寺を開いた栄西禅師という方は、『興禅護国論《こうぜんごこくろん》』でこう仰いました。

心というものは、天よりも高い。地面よりも厚い。地面の深さは測ることはできないが、心はその地面よりも深い。天の高さを測ることはできないが、心はその天よりも高い。

そのような、限定されないところが空だということです。限定されないなかにあって、仮にいろいろな条件が合わさって、両親の出会いがあって、最初は受精卵というたった一つの小さな細胞であったものが、何十兆もの細胞に増えて、その何十兆もの細胞が和合して、今仮にこのような姿をしているだけなのです。

あっても困らない、なくなっても苦しまない

そういうわけで、存在しているものは五つの構成要素にすぎないのです。それには、実体はありません。実体という、常に変わらないもの、単一で成り立つもの、すべて自分の思うようにすることができるようなものはないのです。これを無我といいました。

そして更に、その五つの構成要素も――肉体も、感じることも、思いなども――皆ともに

空であると見るのです。まとめてみますと、こうなります。

① 存在は五蘊である
② 五蘊に自我（実体）はない
③ 五蘊もまた空である

般若心経ができる前の部派仏教では、「五つの構成要素によって形成された自我は幻です」と説きました（①②）。さらに、大乗仏教の般若経典などでは「その色受想行識という五つの構成要素も皆、これは幻影にすぎないのです」（③）と説いたのです。

これは、ダライ・ラマ猊下の般若心経についての本に書いてある言葉です。

まず「色は空である」という言葉は、現象世界の空性を示しており、これを理解することによって、存在の絶対性という極端な見解を排除し、すべての現象は実在するという誤った信念を克服することができる。

次に「空は色である」という言葉は、空性が縁起として生じているということを示しており、これを理解することによって、虚無論という極端な見解を排除し、事物は存在しないという誤った信念を克服することができる。

（ダライ・ラマ『ダライ・ラマ　般若心経入門』春秋社）

この場合の色とは、物質的要素、具体的にはこの肉体を表します。現象世界、私たちが見たり聞いたり感じたりしているこの実際の世界は、仮に現れたものにすぎないのです。五つの構成要素が集合してそう感じているにすぎません。

そのようなことを理解すれば、存在の絶対性、最初に申し上げたような、暑さというものが襲ってくる、苦しみというものが私にいつまでも付きまとうという極端な見方が排除されて、すべての現象は「実在する」という誤ったものの見方でなく、幻のようなものだ、泡のようなものだ、影のようなものだと見ることによって、苦しみから解放されるのです。

しかしながら、「空は色である」という言葉は、空性ということが、縁起として生じていることを表しています。空の中にあって、今、私たちはこの身体をいただいています。この身体が現実にあるわけですから、そうしたことを理解することによって、「何もないから何をしてもいいのだ」という極端な虚無主義から離れることができるのです。そのような誤った見解をも克服することができるのです。

こうして、あればあったで生きていくし、なければなくなったで、なくなっただけなのだと、こだわりなく生きることができたならば、苦しみというものはなくなっていくのだろうと思います。

しかし、なかなかそうはいかないのが現実です。生きている限り、私たちはいろいろなものにこだわりがあり、とらわれがあり、私もやはり、もう少し生きて仕事をしなければいけないという気持ちはございます。ですから身体に気を付けて、感染症にも気を付けて、風邪を引かないようにという努力はします。しかし、あってもこだわらない、なくなっても苦しむことがない、ということが一番の理想でありましょう。

現象の成り立ち——六根・十二処・十八界

さてそのようなところをお話ししておいて、今日のところを学んでいきましょう。

舎利子《しゃりし》　是諸法空相《ぜしょほうくうそう》
不生不滅《ふしょうふめつ》　不垢不浄《ふくふじょう》　不増不減《ふぞうふげん》
是故空中《ぜこくうちゅう》　無色《むしき》　無受想行識《むじゅそうぎょうしき》

無《む》眼《げん》耳《に》鼻《び》舌《ぜっ》身《しん》意《い》　無《む》色《しき》声《しょう》香《こう》味《み》触《そく》法《ほう》
無《む》眼《げん》界《かい》　乃《ない》至《し》無《む》意《い》識《しき》界《かい》
無《む》無《む》明《みょう》　亦《やく》無《む》無《む》明《みょう》尽《じん》
乃《ない》至《し》無《む》老《ろう》死《し》　亦《やく》無《む》老《ろう》死《し》尽《じん》

舎利子よ、

この諸法は空相にして、生ぜず、滅せず、垢つかず、浄からず、増さず、減らず、この故に、空の中には、色もなく、受も想も行も識もなく、眼も耳も鼻も舌も身も意もなく、色も声も香も味も触も法もなし。眼界もなく、乃至、意識界もなし。無明もなく、また、無明の尽くることもなし。乃至、老も死もなく、また、老と死の尽くることもなし。

今日は「是諸法空相」というところから学びます。「舎利子よ、この諸法は空相である」と。諸法は空であることを特質としているのです。したがって、それには固定性がない、実体がない、不変性のないものであるから、生じることもなく、滅することもなく、垢《けが》れることもなく、浄《きよ》らかになることもなく、増えることもない、減ることもないのです。

そうして、空の中には、色もなく、受想行識もなく、眼耳鼻舌身（からだ）意（こころ）もなく、それぞれの対象である色声香味触法もない。眼によって捉える世界もなく、乃至《ないし》、意識界もない。そして、無明もなく、無明の尽くることもなく、また、老も死もなく、また老と死の尽きることもない。このようなことが書いてあります。これらを一つ一つ分析して考えていきたいのです。

「この故に、空の中には、色もなく、受も想も行も識もなく」というところからお話ししていきましょう。ここでまず否定されているのは、五蘊です。空の中においては、五蘊というものも、実体があるものとしては存在していないのです。いろいろな条件があって、今、仮に現れているにすぎません。

また「眼も耳も鼻も舌も身も意もなく」とあります。眼、耳、鼻、舌、意という、感覚器官を備えた私たちの身体も、仮に現れているにすぎないものなのです。

それから今、眼で物を見ています。耳で声を聞いています。鼻で匂いを嗅いでいます。舌は、今何かを特別味わっていないかもしれませんが、お昼ご飯を食べたりすれば何かを味わいます。心であれこれ思うということもあります。しかし、「色も声も香も味も触も法もなし」と。これらも皆、仮に現れた現象にすぎないのです。

眼で物を見て「こういうものが見えた」と、私たちは素晴らしい絵を見れば、「誰々の素晴らしい絵であった」というように、眼による認識を得ます。耳で素晴らしい音楽を聴けば、「何とかという素晴らしい曲であった」という、耳による認識を得ます。そのようにして、鼻による認識、舌による認識、身体によって触れる認識、そして心であれこれ思う意識を得るのです。

「眼耳鼻舌身意」の「六根《ろっこん》」と「色声香味触法」という六つの対象を合わせて「十二処《じゅうにしょ》」といいます。またそれぞれに「眼識・耳識・鼻識・舌識・身識・意識」を合わせると「十八界《じゅうはっかい》」といい、仏教ではこれが世界のすべてだと説きます。

眼　耳　鼻　舌　身　意　——六根
色　声　香　味　触　法　——六境《ろっきょう》　}十二処
眼識　耳識　鼻識　舌識　身識　意識　——六識《ろくしき》　}十八界

世界というものがあって、それを私たちが認識しているということではなくて、私たちが見たり聞いたり感じたりしたことが私たちの世界のすべてです。

そのなかにあって、私たちはいろいろな苦しみを自ら作り出しているのです。しかしそれらはどれも、空のなかに仮に現れた現象にすぎないのであって、夢のごとく、幻のごとく、皆消えてなくなるものなのです。

鏡のようにきれいなもの

その前には「不生不滅」という言葉がありました。ここを説明するのには、やはりこれはどうしても「仏心」ということをお話しさせてもらいたいと思います。人間の本性、仏心というものについて、今から挙げるのは、山田無文老師の『般若心経』にあるお話です。「不生不滅」ということを理解するには、これが一番理解しやすいかと思います。

盤珪禅師は、ここのところを次のように示しておられます。

「人間の本性というものは本来、鏡のように清浄なものじゃ。鏡の中には何もない。物が前に来れば映るし、物が去れば消えるだけだ。しかも後には何も残りはせん。物が映ったからといって、鏡の中に生じたものは何もないし、去ったからといって、鏡の中に滅したものは何もない。これを、『生ぜず滅せず』と言う。

きたない犬の糞を映したからといって、鏡の中は汚れはせん。きれいな花を映したからといって、鏡の中はきれいにはならん。これを、『垢れず浄からず』と言う。鏡の中に物が映ったからといって、鏡の目方は増えやせん。物が去ったからといって、鏡の目方は減りはせん。これを、『増さず減らず』と言う。

般若心経に不生不滅、不垢不浄、不増不減とあるのは、まったくこの鏡のように清浄無垢な人間の本性をうたわれたものじゃ。」

（山田無文『般若心経』禅文化研究所）

人間の本性は仏の心というわけです。これを「仏心」と言ったのです。それは、鏡のようにきれいなものです。鏡のなかには何もない、これが空性です。

しかし、この「何もない」ということは「何も映らない」ということではありません。物が前に来れば映るのです。物が去れば消えるだけです。ですから、何も感じなくなるわけではありません。暑いところに行けば汗が出ますし、暑いと感じます。しかし、暑さが去ってしまえば、何も残りません。おいしいものを食べればおいしいと思います。しかし、それを過ぎれば何も残りません。辛いなと思うことがあります。しかしそれもまた、後になれば何も残りません。これが空性です。

ところが人間は、意識や眼識などが残りまして、ひとたび辛いと思うと、ずっとその「辛い」というものが残り続けます。そうして自らが自らを苦しめることになります。空性というものは、前に来れば現れます。去れば、もう消えるだけです。しかも後には何も残りません。物が映ったからといって、鏡の中に何か物が生じたわけではありません。

鏡は、私たちの本来の心です。これを仏心といいます。鏡のような心です。それにいろいろなものを感じたり思ったりします。しかし、それは映るだけです。消えたら、あとは何も残りません。これを不生不滅、「生ぜず滅せず」というのです。説明はできますけれども、実際にはなかなか難しいことです。

それから、犬の糞でも何でもいいのですけれども、汚いと思うようなものを、たとえ鏡に映したからといって、鏡が汚れるということはないのです。いろいろな辛い思いをする、いろいろな苦しい思いをする、しかし、私たちの心の本体、本性、鏡のような心、仏心というものは、それによって汚れることはないということです。逆に、きれいな花を映したからといって、鏡がきれいになるわけではありません。これが「垢《けが》れず浄《きよ》からず」ということです。

鏡の中に物が映ったからといって、鏡の目方は増えません。物が去ったからといって、目方が減るわけではないのです。これが「増《ま》さず減《へ》らず」です。

「般若心経に不生不滅、不垢不浄、不増不減とあるのは、まったくこの鏡のように清浄無垢な人間の本性をうたわれたものだ」と山田無文老師は解説されています。このようなところが、空性ということからもう一歩、ただ単に無常であり、実体がないというところから、私たちの心の本質、本性、それは仏の心であると説くのです。そのような心の本性に、気付き目覚めることができたならば、この現実の世界でどのように思うようにいかないことがあったとしても、それにこだわらず、とらわれることなく生きていくことができるというのです。

生命の始まり――鼓盆而歌

このような考えは、何も般若心経だけに限らず、古く中国においても似たような考えを見出すことはできます。「鼓盆《こぼん》」という言葉があるということを、最近知りました。

「鼓盆而歌《こぼんじか》」「盆を鼓して歌う」「平たいはちをたたいて歌う」

荘子が妻を失ったとき、大きな平たいはちをたたいて歌った故事。その故事は、生きることは必ずしも喜ぶべきことではない、死ぬことは必ずしも悲しむべきことではないという思想をあらわす。

（『漢字源』）

この「平たいはちをたたいて歌う」とは、決して真似すべきことではありません。「よい子はまねをしないでください」ということですが、荘子という人が、奥さんが亡くなったときに、大きな平らなはちをたたいて歌っていたのです。『荘子』という中国の古典にある、紀元前の話です。

「荘子（道家の思想家、本書の作者）の妻が死んだ。恵子（名家の思想家）が弔問に出かけて行ったところ、荘子は折しも両足を投げ出してだらしなく坐り、盆を叩いて歌っている。

驚いた恵子が、「夫婦となって連れ添い、一緒に子供を育て、年を重ねた仲だろう。死んで哭泣しないというだけでも非礼なのに、その上盆を叩いて歌うとは、ひどすぎるのではないかね。」

荘子、「いや、そうではない。これが死んだ当座は、私だって胸にぐっと来ないではおれなかった。しかし、気を取り直して、これの始まりというものをつらつら考えてみると、もともと生命はなかった。いや、生命がなかったばかりではない、もともと身体もなかった。いや、身体がなかっただけではない、もともと気（身体を形作る元素）すらなかったのだよ。

もともとは何か暗々ぼんやりとした得体の知れない物の中に、一切が混じりあっていたのだが、そこに変化が起こってこれの気が生まれ、気に変化が起こってこれの身体が生まれ、身体の変化が起こってこれの生命が生まれた。

そして、今またこれに変化が起こって死に赴いたというわけだ。これらは春夏秋冬の四季の運《めぐ》りと同じことを、互いに繰り返しているだけのこと。

この人が宇宙という巨大な部屋ですやすやと眠ろうとしている、ちょうどその時、私が取りすがっておんおんと哭泣の葬礼を行うというのでは、我ながら命（世界の必然律）に暗いことだと思われて、それで止めてしまったのだよ。」

（池田知久訳注『荘子』講談社学術文庫）

荘子の奥さんが亡くなり、知り合いの恵子《けいし》が弔問に出かけました。ところが荘子は両足を投げ出し、だらしなく坐って、盆をたたいて歌っているではないか。驚いた恵子は、「夫婦となって連れ添い、長年一緒に子供も育て、年を重ねた仲だろうに。死んで哭泣しないというだけでも非礼なのに、なぜ、その上盆をたたいて歌を歌うとは、ひどすぎるではないか」と言ったのです。

ところが荘子は言いました。「いや、そうではない。自分も、死んだときは胸にぐっと来ないではおれらなかった」と。今まで一緒にいた奥さんが亡くなったのです。「しかし、気を取り直して、これの始まりというものをつらつら考えてみると、もともと生命はなかった」と。ずっと命があるわけではないのです。何十年前にはなかったのです。

「いや、なかったばかりではない、もともと身体もなかった」と。ずっとあり続けているものはないのです。「身体がなかっただけではない、もともと気という、この身体を形成する元素のようなものもなかった。生命の本質のようなものはなかった。もともとは何か暗々ぼんやりとした得体の知れない物の中に、一切が混じりあっていた」と。このような感覚は、この後お話をする「未明渾沌」という感覚に近いと思います。

「何か渾沌としたものがあって、そこに何か変化が起きて、気の流れというものが起きて、そうして私たちの身体が形成されて、身体が形成されたところに生命、息が通うようになった。そしてまた新たな変化が起こって死んだというわけなのだ。そういうふうに見ていれば、私たちが生まれて死んでいくということも、春夏秋冬の四季が移り変わっていくのと同じようなことを繰り返しているだけではないか。今この人が亡くなったということは、この宇宙という巨大な部屋ですやすやと眠ろうとしているのだから、ちょうどその時に、私が取りすがって泣くというのは、これはわれながら命に暗いことだと思って、それでやめてしまったんだ」と、こういうことを言っているのです。

繰り返しますが、これは決して真似をすることはありません。このようなものの見方をした上で、やはり亡くなった人が目の前にいれば悲しいことは悲しいわけです。涙を流せばいいわけです。

しかし、嘆き悲しむことにも何らとらわれることがない。そのようになっていくことが、大乗仏教や般若心経の説く世界です。泣かないということではありません。泣いて、泣いて、嘆き悲しむのだけれども、それに苦しめられることはない、こだわることはない、とらわれることはないのです。

人生の様相――十二因縁

そのように空の世界というものを明らかにしたならば、その次は、こうあります。

無無明《むむみょう》　亦無無明尽《やくむむみょうじん》
乃至《ないし》無老死《むろうし》　亦無老死尽《やくむろうしじん》

「無明がなく、乃至《ないし》老死がなく」というように、般若心経の中では、この「無明」と「老死」という、「十二因縁」の最初と最後の二つだけを取り上げて、間の十を全部省略しています。この十二因縁というものについて、少しお話をさせてもらいましょう。

十二因縁

1 無明 無知
2 行 潜在的形成力
3 識 識別作用
4 名色 名称と形態
5 六処 六入 六感官
6 触 接触
7 受 感受作用
8 愛 渇愛妄執
9 取 執着
10 有 生存
11 生 生まれること

12　老死　老い死にゆくこと

般若心経には、まず「無明」について「無明もなく、無明が尽きることもなく」とあり、それから「乃至」という言葉で間の「行」から「生」までを省略して、その後に「老死」について「老いと死もない」と続きます。これは、人間が生まれる過程なのです。生まれて、それからどのように苦しみができていくかという過程を、このように言っているのです。

最初は、先ほどの『荘子』の「鼓盆而歌」にあったように、何か渾沌として、自分だ、他人だ、世界だといったような分け隔てのないエネルギーがあったのでしょう。これを根本の「無知」といいます。何も分からない状態です。自分だ、他人だという認識もありません。生じた、あるいは滅するというような認識もない、何も分からない、渾沌としたなかで、潜在的に何かがうごめいてくるわけです。何かがうごめき始めて、自分と外の世界とを分けて働くような流れ（行）ができあがってくるのです。

それが私たちというものの最初の意識（識）を作ります。認識の始まりを作ります。意識の働き、生命の誕生です。

そしてこの身体にお互いの名前を付けます。名称と形態（名色）です。生まれ落ちて、私であれば横田何々という名前を付けられます。この身体に名前を付けて、この社会の存在となります。

　その身体には六つの感覚器官（六処）が備わっています。眼、耳、鼻、舌、皮膚、そして意識の働き、それらが生まれて外の世界に触れるわけです（触）。この辺りは五蘊と似ていますが、触れたら感じるのです（受）。感じたならば感じたことに愛着をおこします（愛）。赤ん坊が生まれたときは、おそらく最初に触れるものは母親でありましょう。お母さんに触れて、母乳をいただくと、うれしいなと思う、知らないおじさんが来たら不愉快だと思う、最初はそのような感じでありましょう。

　渇愛は、お腹が空いたからもっとお乳を飲みたいというような衝動、もっと抱いていてもらいたいというような衝動でありましょう。大きくなれば、さらにこれが異性に対する愛情というものに発展していくわけです。好きな男性女性がいろいろあるのだろうと思いますが、好きなものに執着を覚えていきます。

　そして、自分のものにしようとする、執着（取）です。そして、自分の生存（有）というもの、自分の人生というものを作り上げていきます。自分の家を持ち、自分の家庭を持ち、愛する者を持ち、自分の一生を送っていきます。そしてまたやがて、これは仏教では次の生へと連なっていきます。もし子供が生まれたら新しい子供に命は引き継がれていくでしょうし、何らかの形で新しい生存へとつながり（生）、それもまたやがて年老いて死んでいく（老死）にすぎないのです。

十二因縁というものを、椎尾弁匡《しいおべんきょう》さんはこのように言いました。

分からずに（無明）、流れ（行）を認め（識）るとき、そこには主観客観に対立が現れる。そこに外界（六処）ありとし、それを経験（触）する。そこに苦楽（受）ありて愛憎（愛）する。そこで取捨（取）し行為力（有）により今の存在（生）となって次に移る（老死）。

何も分からないところから、何かうごめいてくる流れが生じて、そこに認識が生まれて、外の世界と自分という対立が現れて、そして外界を認識する。それに触れる。触れると、苦しいとか楽しいとかという感受がある。楽しいものは欲しがる。苦しいものは嫌がる。それで自分にとってよいものを自分のものにしようとする。そういうことによって今の人生があって、やがては年を取って死ぬだけだ、と。

十二覚えることが難しいという場合、本質はこの六つくらいになります。

無明　無知

愛　渇愛、根源的欲望
取　執着
有　迷いの存在
生　生まれ
老死　苦

何も分からない渾沌とした状態から、眼に触れたり感じたものに対する愛欲を覚えます。愛欲を覚えたものに執着して、自分のものにして、自分の人生を築き上げます。しかし、やがてそれは、年を取り、肉体が老い衰えて死を迎えるのです。

私たちの苦しみの生涯をこのように分析したのです。十二あるのでなかなかこれは覚えるのは大変ですが、おおよその構造としては、「何も分からないところから愛着を覚えて、自分のものとして取り込んで、自分の人生を生きて、そしてやがて老いて死ぬ」と、このようなものを繰り返していくのが、お互いの人生であります。

大きな仏心の一滴――心清浄

しかし、繰り返しますが、それらが私たちの心の本質だといいましても、この身体の中に心という小さな塊があるわけではありません。この心を見つめるということが、禅の修行の本質です。心といっても、私たちは普段、この波立つ感情くらいしか感じないのではないかと思います。うれしいという感情や、嫌だという感情です。

しかし、その感じている心とは、一体どのようなものなのでしょうか。心というものをずっと深く、深く見つめていきますと、最初にお話をしたように、だんだんと自分と外の世界を区別している境目というものがなくなってきます。心に、境目というものはないのです。空気に境目がないようなこととよく似ています。それで、心とは空気のようなものだ、虚空のようなものだという譬え方をよくします。

朝比奈宗源老師という方は、円覚寺の私どものお師匠さんの、もう一つ前の老師でした。私は二歳のときに祖父の死というものに出会って、それから、人間が死ぬということはどのようなことかという大きな疑問を持って、坐禅を始めました。そして一番大きな影響を受けた書物が、この朝比奈宗源老師という方の書物でした。この方は、死というものについてこのような表現をしております。

私どもは仏心という広い心の海に浮かぶ泡のようなもので、私どもが生まれたからといって仏心の海水が一滴ふえるのでも、死んだからといって、仏心の海水が一滴へるのでもないのです。

（朝比奈宗源『佛心』春秋社）

これは海と泡の譬えです。どうしてもこのようなところは何かによって譬えないと伝わりにくいのです。

仏心という、広い海を想像してください。海はどこまでも広いのです。実際の海はどれほど広くても、やがて果てがあるのでしょうけれども、これは果てのない、心の海です。私という現象は、その広い海に浮かんだ一粒の泡のようなものです。泡のようなものですから、泡が生まれたからといって海が増えるわけではありません。泡が消えたからといって海が減るわけではありません。私どもは皆、仏心の一滴、ひとしずくであります。

このような感覚ですから、先ほど申し上げたように、この肉体から何か霊魂のようなものがぽーっと出ていって、それがずっとどこかに生き残るというような感じではありません。

そのような塊という限定されたものは消えてしまって、広く広がった世界です。泡だけを見ていれば、生まれて死ぬのです。しかし、その泡はこの海の一部なのです。泡は、元をたどれば海と一連なりです。

「一滴の水を離れて大海はなく、それと同じように、幻の如きはかないこの命がそのまま永劫不滅、不生不滅の仏心の大生命である。この仏心の他には大宇宙の中には、蟻のひげ一本も存在しない。人は特定の神仏を信じる以前に成仏している。絶対清らかな仏心の上には人間のいかなる過ちもその影をとどめない」と、朝比奈老師は仰っています。

汚れもしなければ清らかになることもないのです。不生不滅、不垢不浄、不増不減というものを、このような仏心の世界でも説いています。このような見方です。

仏心というものがどこかにあるわけではありません。この私のはかない命がそのまま仏心の大生命なのです。一粒の泡がそのまま大いなる海と一つなのであります。この一つであることに気が付けば、この「無明」から始まる「無明、行、識、名色、六処、触、受、愛、取、有、生、老死」という十二因縁の現象も、「色受想行識」という五蘊も、「六根、十二処、十八界」というものも、皆ことごとく、この仏心という大きな海に浮かぶ泡の現象にすぎないのです。それらは浮かんでは消えて、皆一つの仏心に還ってしまうのです。これが禅でいうところの安らかな心、安心というものなのです。

元々お釈迦様の仏教では、「無常」や「無我」ということを説かれました。移り変わるものです。実体のないものです。やがてそれらを「空である」と表現するようになりました。空であるということは、生じたわけでもない、滅したわけでもないのです。それを仏教ではやがて、「心は本来清浄」「本来の清らかな心」「心の清らかさ」というような具体的な表現へと発展させていきました。

空ということと「心清浄《しんしょうじょう》」、心が清らかであるということは、同義なのです。空とはさまざまに限定されたものではありません。何も限定されないから、汚れることのない清浄、清らかさであり、それをやがて、仏教では「仏心」と表現するようになりました。そして、その仏心を強調して説くようになっていったのが、私どもの禅の教えです。禅は当初、仏心宗という呼ばれ方もしました。

仏心というものは、限定されたものではありません。身体の中のどこかに塊のようにある、箱の中を開けたら出てくる宝のようなものではなくて、この広い世界全部を包み込んでいるような大きな仏心、そのなかに私たちは、両親の縁を受けて、今この身体が、仮に現象として現れているのです。

この現象を無理になくす必要はまったくありません。生存しているうちは、この命を精いっぱい生かすように努めていきますし、時に思うようにならないこともあります。しかし、それも一瞬のことだと思って、さらりさらりと、こだわりなく、とらわれなく、お互いの与えられた命をまっとうしていこうというように読み解くことができるのです。

今日はそのようなところまでにしておきたいと思います。「不生不滅」から「無明もなく、老死の尽きることもない」というところまでです。元々ないものであるから、尽きることもないのだと、これは自明のことです。そこまでにして、今日の話は終わります。

ご清聴ありがとうございました。

第5講　こころたのしく住まんかな——

心無罣礙

無常と永遠

それでは今日もどうぞよろしくお願いいたします。前回、山田無文老師の言葉が掲示板に掲げられていて、それを紹介しました。

やがて消えてなくなるお互いのこの肉身、
この無常の身体の真っただ中に永遠を発見しなければならん

お互いのこの肉身が、やがて消えてなくなるということは、ずっと学んできた「無常」ということですね。私たちの身体はやがて消えてなくなります。それもいつ消えてなくなるというよりも、今この瞬間にも、じわり、じわりと消えつつあるのです。これが無常ということでした。その無常なる身体の真っただ中に、永遠を発見しなければならない。これが今回のところと関わってきます。

この身体は無常で、やがて朽ちていって、今はお若い皆さまといえども、百年もつことは残念ながら難しいでしょう。今は日本の法律では火葬にしますから、そうして灰になって、骨になってしまいます。ですから、この朽ちてしまう身体とは別に、永遠なるものがあると、そのように考えた方が理解しやすいかもしれません。この身体はやがて消えてなくなるけれども、たとえば魂なるものがあって、それがこの身体から抜け出ていって、その魂は永遠に続いていくというような考え方です。

しかしこれが、仏教や般若心経、私どもが学んでいる禅においては違うのです。朽ちていくもの——無常なるもの——と、永遠なるものが別々にあるということとは、二つを分けて考えることです。この分けて考えるということを、般若心経では一番に否定します。分けられないのです。この朽ちつつある肉体のほかに永遠なるものはない、と考えるのです。

この朽ちつつある、無常なる身体、それを般若心経では色といいました。この色がそのまま、即、空なのです。

この空というものを、永遠なるものと見ていいでしょう。空というものは、永遠なるもの、限定されないもの、無限なるもの、不変なるものです。この身体のほかに、空がどこかにあるわけではありません。この身体がそのまま空であるのです。ここが般若心経の大事なところです。ですから山田無文老師も「この無常の身体の真っただ中に永遠を発見しなければならん」と説かれているのです。

分かる本、分かる話というけれど……

私たちはつい二つに分けて考えたがるものです。その方が分かりやすいという面もあるのでしょうけれども、その「分かりやすい」「分かる」ということが問題です。

よく本屋に行くと、般若心経に関する本が山ほどあります。なぜあれほどたくさんの般若心経の本が出るのかというと、端的に言えば、読んでも分からないからでしょうね。一冊の本を読めば般若心経が分かるかというと、読んでみて、いろいろと説明があって、なるほどと思うところがあるけれども、どうもこの般若心経は、よく分からない。そしてまた別の人が別の本を出してくれるから、ではこれを読めば分かるかと思って、また読んでみるけれども、分からない。ですからあれだけたくさんの本が出るのではないかと思います。本当にそれ一冊で分かるということがあるとすれば、それで終わりでしょう。

随分前に「分かる仏教講演会」という会があって、そこの講師を頼まれたことがありました。「分かる仏教の話をしてください」と。そこで担当の人に、ちょっとした意地悪ではありませんが、「この会は何年ぐらい続いてるんですか」と尋ねたのです。何十年でしたか、もう忘れてしまいましたが、五年や十年ではなく、何十年も続いていますと、向こうはさも誇らしげに言われました。しかし、その「分かる仏教講演会」が何十年も続くというのは、裏を返せば、何十年聞いても分からないから続いているのでしょうね。分かってしまったら終わりでしょう。

われわれは長い間、学校の教育を受けています。学校では、「分かった」と言うと褒めてもらえます。「分からない」と言うと、「どうして分からないんだ」と叱られたり、果ては「分かるまでやれ」と言って補習をしてくれたり、ともかく分からないということはよくないことだというように、私たちは刷り込まれているといいますか、思い込まされている一面があると思います。

しかし、禅の世界は逆なのです。分からないことの方に尊さがあります。分かるということの方がむしろ問題です。そのように、ちょっと発想を変えたいのです。般若心経は、私たちが今まで思い込んでいたことを否定してくれます。分かることよりも、分からないということが素晴らしい。そのような世界をこれからお話ししていきます。

知ることもなく得るところもない

さて、今回はこのところです。ずっと読んできましたが、大分後半になってきました。

無《む》苦《く》集《しゅう》滅《めつ》道《どう》　無《む》智《ち》亦《やく》無《む》得《とく》　以《い》無《む》所《しょ》得《とく》故《こ》
菩《ぼ》提《だい》薩《さっ》埵《た》　依《え》般《はん》若《にゃ》波《は》羅《ら》蜜《みっ》多《た》故《こ》
心《しん》無《む》罣《けい》礙《げ》

大切なところがたくさん出ています。最初の「無苦集滅道」、それから「無智亦無得」「無所得」、そして「依般若波羅蜜多故」と、般若心経において説かれるこの辺りは、後の禅の思想の発展と、大いに通じるところがあります。漢訳を訓読しますと、

苦も集も滅も道もなく、智もなく、また、得もなし。得る所なきを以ての故に。菩提薩埵は、般若波羅蜜多に依るが故に。心に罣礙なし。

そして、梵語（サンスクリット語）からの現代語訳はこのように書かれています。

苦しみも、苦しみの原因も、苦しみを制することも、苦しみを制する道もない。知ることもなく、得るところもない。それ故に、得るということがないから、諸の求道者の智慧の完成に安んじて、人は、心を覆われることなく住している。

今日お話ししたいのは、「知ることもなく、得るところもない」、その素晴らしさについてです。現代語訳の後半部には分かりにくいところもありますが、得るところがないから、諸々の道を求める者は、般若波羅蜜（智慧の完成）によって、何も心を覆われるものがない、すなわち、心を妨げるものがないのであると。その辺りを、今日はお話ししたいのです。

苦を見つめる

前回お話ししたのは「十二因縁」でした。十二個もあって少々難しかったかもしれませんが、大事なことは、お釈迦様がお悟りになった、縁起——縁によって起こる——ということです。

縁によって起こるとは、よく「私たちは今ここにさまざまなご縁によって生かされている」というように説かれる場合も多いですが、元々はというと、「なぜ苦しみが起きるのか」と、苦しみの原因を追究した先に見出されたものでした。苦しみの原因の一番の大元は何であったか、これは覚えておいていただくとありがたいのですが、その根本とは「無知」でした。何も分からないことです。

そこから、眼で物を見たり、耳で音を聞いたり、鼻で匂いを嗅いだり、舌で味わったりするのです。ついわれわれは、自我、自分なるものが最初にあって、その自分が、眼を通して物を見ているなどと考えます。しかし仏教は違うのです。「自分」という意識は、後からできたものなのです。最初は、眼や耳など、感覚器官があります。そして、見える、聞こえるという感覚があります。それから、見て気持ちがいい、触れて心地よいというように、見たり聞いたりしたものに対する感受が先にあるのです。

そうして、自我というものは、実際にはありはしないけれども、この見たり聞いたりしている主体のようなものとして、後から形成されてきます。ですから自己と思っているものは、幻のようなものです。そのような自分というものに対して、お互いが振り回されている、これが苦しみの原因なのです。それを、五蘊という五つの構成要素（色受想行識）で学びました。一人一人が独自の認識をつくり出していって、そこに自己というものを形成していきます。自己という、しっかりしたものがあるように思ってしまいます。

生まれてからしばらくすると、人はその自我に名前を付けられます。そして、私なども兄貴がいて、弟もいましたから、靴下一つ履くにしても、これはあなたの靴下、これはお兄ちゃんのもの、これは弟のものと、子供の頃から「私のもの」という概念を植え付けられていきます。学校に行くようになっても、自分の机、自分の教科書というように、自分のものと他人のものとの区別を教わります。「自分のものは自分でちゃんとしなさい」と。

しかし、本当にそうでしょうか。それらはすべて、思い込まされたものにすぎません。自分というものも、これが自分のものだというものも、ありはしないと説くのが般若心経です。

自分というものが実在している、そう思うと、その自分というものが、残念ながら百年もしないうちに老い衰えて、死を迎えるということが苦になります。自分のものと思ってしがみついていたものを、すべて手放さなければならないというところに、苦しみが生じてくるのです。

しかしそのような苦しみは、自我という幻に執着しているにすぎないのであると、般若心経は説くのです。ですからこの頃は、現実に充実しているということを「リア充」などと言うそうですが、そのような人にとっては、般若心経を学ぼうという気などはあまり起こらないかもしれません。

しかし、私は尋ねてみたいのです。本当に充実していますか、と。やはりどのような人でも、その人なりに不安を抱えているのではないかと思います。どのようなものも、やがては手放さなければなりませんし、どれほど充実していると思ったところで、それもだんだんと朽ちていきます。ですからなおのこと、恐れや不安が消えないのでしょう。消えないものですから、その恐れや不安をさらに物によって埋めようとします。そのようにして苦しんでいくのだろうと思います。般若心経の教えは、そのような恐れや不安からの解放です。

四種類の真理——四諦

そこでまず「無苦集滅道」「苦も集も滅も道もなく」と説かれています。実はこの辺りが、この般若心経の一つの大きな特徴とも言うべきところなのです。

「苦集滅道」という、この四諦《したい》こそ、お釈迦様の教えの原点のようなものですが、般若心経ではこれを否定していきます。また、われわれが実際にやっている禅の修行などでも、この四諦ということを特別に学ぶというようなことは、実はいたしません。しかし、このようなものを学んでおくことは、大変に意義があると思います。学ばずに捨てるか、学んだ上で捨てるか、私はやはり学んだ上で、それを捨てて離れて、超越していくという生き方の方が確かだと思います。

お釈迦様が初めの頃からよく譬えた話として、それは「いかだのようなものである」と。川を渡るにはいかだが要ります。しかし、川を渡ったならば、いかだを担いでいくことはありません。いかだは捨てればよいのです。しかし人間というものは、川を渡ってからも、このいかだのおかげで川を渡れたのだといって、一生懸命いかだを担いだり、そのいかだを保存したり、博物館に飾ったり、そのようなことが好きなのでありましょう。

四諦の「諦」という漢字は「あきらめる」と読みます。「諦める」というと、手放してしまうという、投げやりのような意味に使われることが多いですが、元来「諦める」は「明《あき》らめる」で、「明らかにする」ということなのです。ですから、諦とは「明らかにする真理」とも訳します。その四種類の真理のことを、苦諦《くたい》、集諦《じったい》、滅諦《めったい》、道諦《どうたい》といいます。

これらの真理を般若心経は否定していますが、学んでおいて悪いところは決してありません。お釈迦様の原点にある教えを、実際に少し学んでいきましょう。

お釈迦様は、紀元前四、五世紀、今からおよそ二千五百年前の昔、インドにお生まれになりました。シャカ族の王子として何不自由ない暮らしをしていたのですが、人間はなぜ年を取って苦しむのか（老いる苦しみ）、なぜ病という苦しみがあるのか（病の苦しみ）、なぜ死の苦しみを最期に受けなければならないのか（死ぬ苦しみ）、これらの問題をどう解決したらいいのかと、その道を求めて、二十九歳のときに王子の位を捨てて家を出たのです。そして六年間の難行苦行の後、悟りを開きました。その悟りを開いてから一番初めに、サールナート（鹿野苑《ろくやおん》）というところでお説法をされました。そのときの内容がこの「四諦」であったと、昔から言われています。

苦諦　迷いの存在は苦であるという真理。その代表として、生老病死などのいわゆる四苦八苦が挙げられる。

集諦　苦の生起する原因についての真理。その原因は、再生をもたらし、喜びと貪りをともない、ここかしこに歓喜を求める渇愛《かつあい》にあるとされる。

滅諦　苦の止滅についての真理。渇愛が完全に捨て去られた状態をいう。

道諦　苦の止滅に到る道筋についての真理。正見《しょうけん》・正思惟《しょうしゆい》などのいわゆる八正道《はっしょうどう》として示される。

「苦諦」から詳しく見ていきましょう。苦諦とは、苦しみという真実です。苦しみについては、般若心経の最初にも「五蘊皆空、度一切苦厄」とありますので、何度かお話をしてきました。しかし、せっかくですから、ざっとおさらいをしておきましょう。

迷いの生存は苦しみである。これが、お釈迦様の一番言いたかったことです。何が苦しみかというと、こうして生存していること、生きていることが苦しみです。生きづらさを感じている人などにとっては、このような教えを聞くことは、それだけで救われる気がするかもしれません。生存は苦しみです。

何となればこうした苦しみです。「四苦八苦」といいます。

四苦八苦　　生老病死　愛別離苦　怨憎会苦　求不得苦　五蘊盛苦

生まれる苦しみ、老いる苦しみ、病の苦しみ、死の苦しみ、これは今申し上げたとおりで、四苦と言います。

それから、愛別離苦《あいべつりく》。残念ながら、愛しい人と生き別れ、死に別れ、別れなければなりません。そして、怨憎会苦《おんぞうえく》。嫌な人、憎い人とは、残念ながら会わなければなりません。どこの世界でも、そうでありましょう。学校でも、会社でも、ひょっとしたらそのようなことがあるかもしれません。このような苦しみは、人間が生きるからには避けることができません。それから求不得苦《ぐふとくく》。求めても得ることができない苦しみです。自分の求めたものがすべて手に入る、そのようなことはありません。そして最後は五蘊盛苦《ごうんじょうく》です。五蘊についてはたびたび学んできました。色・受・想・行・識とは、この肉体、感じること、思うこと、意欲の働き、そして認識です。五蘊盛苦とは、それら自体が苦しみである、この世に生存していること自体が苦しみであるということです。

元々の仏教では、この苦しみを重視し、直視しました。そして、その苦しみを克服するということが最も大きな課題でした。そこで、お釈迦様の教えは「無常」であり、「苦」であり、「無我」です。これもたびたびお話をしてきたところです。特に五取蘊《ごしゅうん》(般若心経の最初に出てくる「五蘊」)という、この五つの構成要素は無常であるということを、たびたびお話ししてきました。

まず、この肉体は無常です。机も、床も、この建物も、今まさに朽ちつつあるのだと学んできました。そして、無常であるということは、苦しみです。このことは理解できるでしょうか。無常であるもの、変化していくものは苦しみなのです。身体においても、だんだんと老い衰えていくものは苦しみです。せっかく自分のものと思ってつかまえたのに、それをやがて手放さなければならないということは、苦しみです。

仏教ではまず、無我である、自分の思うようにはいかないものであるということを如実に知ります。そして、この世界を厭い離れ、貪欲を滅して解脱をせよと説きます。貪欲こそが苦しみを生み出すのです。

縁起の教えでは、苦しみの一番の代表格とは、十二因縁の最終、老いることと死ぬことでした。そしてその原因を探求していくと、それを渇愛《かつあい》や無明《むみょう》といいました。無明は無知です。渇愛とは執着です。もっと欲しい、もっと欲しいと、喉が渇いたように求めます。この渇愛と無明を滅することができれば、苦しみも滅するのです。

どのような苦しみが生ずるのも、それは何も分からない無知によって起こるのです。では逆に、無知ではなくして、智慧を持って明らかに見ることができたならば、苦しみから解放される。これが般若心経における苦しみからの解放でした。およそ苦しみが生ずるのは、妄執（愛執）、執着、渇愛によって起こるものです。

苦しみを滅する道――八正道

「集諦」とは、まさしくその苦しみの原因です。苦しみを説いて、では、その原因は何かと説いたのが集諦です。その原因は、渇愛です。

「滅諦」とは、その苦しみを滅ぼす真理です。苦しみを止滅させるのです。渇愛という欲望が完全に捨て去られた状態が、苦しみからの解脱です。

「道諦」とは、その苦しみの止滅に至るまでの道筋です。それを八つに分けて、お釈迦様は説かれました。これを「八正道《はっしょうどう》」と言います。

一　正見　（正しい見解）
二　正思　（正しい思惟）
三　正語　（正しい言葉）
四　正業　（正しい行い）
五　正命　（正しい生活）
六　正精進　（正しい努力）
七　正念　（正しい思念）
八　正定　（正しい精神統一）

正しい道について、お釈迦様の教えとして注目したいのは、やはり最初の「正しく見る」

ことです。われわれは普段、自分の思い込みによってものを見ています。自分に都合のいいものしか見ていません。そして自分に都合のいいように解釈しています。そこで「正見」、正しい見解が必要となるのです。無常であるということを、正しく認識するのです。

そして、正しくものを思うのです。無常の中で「自分のもの」という執着からは離れるという、正しい思いをおこします（正思）。そうすると、自己とは独自に存在しているものではなく、周りの条件との兼ね合い、関係性によってのみ成り立っているにすぎないということが見えてきます。

それを以前、トンネルの譬えでお話ししました。トンネルというものは存在しないのです。トンネルは、その周りにある、地面や壁や山など、どれを取ってもトンネルではないものによって成り立っています。トンネルそのものは空っぽです。自己も同じです。「エゴ・トンネル」という言葉を紹介しましたが、自己というものは、その周りのものによってこそ初めて成り立っています。

そのように、自分というものは、周りとの関係性によってかろうじて存在しているにすぎないのですから、周りの人に対しては正しい言葉を使い、人を傷つけるような言葉からは離れましょう（正語）。人を傷つけるような行いをしないようにしましょう（正業）。正しい生活をしましょう（正命）。そして、仏道というものを実践していくためには、正しい努力（正精進）、正しい思念（正念）、この無常無我であるという真理を常に意識して、正しく精神を統一し（正定）、波立たない穏やかな心を培う、これがお釈迦様の説かれた実践でした。

また、この四諦とは、よく病気を治すことに譬えられます。苦しみ（苦諦）とは、これは病気の状況、病状です。たとえば胃が痛い、腰が痛い、喉が痛いなど、いろいろな病気があろうと思います。集諦とは、その原因です。胃が痛いのであれば、胃カメラを飲むと「胃が荒れているね」「少し潰瘍ができていますね」と、原因を知ることができます。原因が分かれば、回復するのです（滅諦）。「それでは、このお薬を出しましょうね」と、その原因に対する処置法があります。そして、道諦とは、実際に治療していくのです。もしポリープなどの悪いものがあれば「それを摘出しましょう」、あるいは「薬によってこういう治療をしていきましょう」と。

苦＝病状　集＝病因　滅＝回復　道＝治療

そのように、お釈迦様の教えはきわめて筋道の通っているものです。現実の世界は苦であり（苦諦）、その原因は渇愛などの煩悩であり（集諦）、これを滅すれば苦も滅する（滅諦）、そのために八つの正しい道（八正道）を行ぜよ（道諦）と、そのようなことなのです。

自分のものとはいえない

苦しみについては、五蘊が苦しみである、この肉体は無常であり、無常なるものは苦しみであると、このような説き方をされたのが、お釈迦様の元々の教えです。

比丘たちよ、色（肉体）は無常である。無常なるものは苦である。苦なるものは無我である。無我なるものは、わが所有にあらず、わが我にあらず、またわが本体にもあらず。まことに、かくのごとく、正しき智慧をもって観るがよい。

（南伝『相応部経典』22—46無常、漢訳『雑阿含経』3—36正観察）

無常なるものであるということは、自分のものとは言えないということです。わが所有、わがものではないのです。

それにしても生まれてからずっと、自分のものとして持ち続けているようなもの、「これは確かに自分のものだ」としてあり続けるものなど、果たしてあるのでしょうか。私などは、大学を出て、いろいろな修行道場を転々と渡り歩いてきましたから、その間ずっと自分のものとして持っているようなものは思い当たりません。転々と暮らしてきましたから、そんなに物を持っていられません。今は鎌倉というところに住んでもう三十年以上経ちますから、三十年間ずっと持っているものはありますけれども、生まれてからずっと持っているものというのはほとんどないと思います。

自分のものと思っていても、それは「わが所有にあらず」と、ここで説かれています。さらに自分の肉体、すなわち色《しき》ですら、そのような本体はないというのです。「わが我にあらず、わが本体にあらず」と。

それでは、感覚はどうでしょうか。今日などは心地よい感覚です。皆さんはいかがでしょうか。暑からず寒からずで、暦の上では立冬を迎えたとはいえ、どこか爽やかな感覚があります。

しかし、感覚も無常なのです。変化します。今は心地よいと思っていても、ひょっとして外に出て石に蹴つまずいて捻挫でもすれば、一遍に苦痛を覚えます。あるいは円町《えんまち》（花園大学の最寄りの駅）から電車に乗って、足を踏んづけられでもしたら、一瞬のうちに不愉快になるでしょう。感覚は無常であります。どう変化するか分かりません。

無常なるものは苦しみなのです。思うようにいきません。感覚も、自分の思うとおりにはいきません。ですから、感覚も「わが我ではない、わが本体ではない」のです。

受（感覚）は無常である。無常なるものは苦である。苦なるものは無我である。無我なるものは、わが所有にあらず、わが我にあらず、またわが本体にもあらず。まことに、かくのごとく、正しき智慧をもって観るがよい。（同右）

そして感覚がそうであれば、他に、想う表象作用も、意志の働きも、それから認識というものも無常です。「あの人はああいう人だ」と思っていたその認識も、やがて移り変わります。あんなにいい人だと思っていた、ところが何らかの条件で、あんなにひどい奴はいない、などと変わってしまうことは、世の中よくあることです。

識（意識）は無常である。無常なるものは苦である。苦なるものは無我である。無我なるものは、わが所有にあらず、わが我にあらず、またわが本体にもあらず。まことに、かくのごとく、正しき智慧をもって観るがよい。（同右）

苦しみなるものは無常です。無常なるものは無我です。無我ということは、自分の思うようにはなりません。お釈迦様の教えとは、そのように、無常であり、苦しみであり、無我であるということです。無常（諸行無常）、苦（一切皆苦）、無我（諸法無我）、このような教えが根本にあり、それがやがて般若心経の「空」という教えに発展していきました。

四諦の否定

空の教えにおいて大事なことは、やはり我《が》の否定です。我とは「常一主宰」、変わらない存在であること（常）、単一で存在すること（一）、あるじであること（主）、思うがままにすることができる、支配することができる（宰）ということでした。しかし、この身体が無我であるということは、この身体は常ではない、単一では成り立たない、自分の思うようにはいかないということです。

感受作用もそうです。無我であるということは、感覚も変化していきます。単一では成り立ちません。たとえば眼があって、外の対象物がないと、見るということは成り立ちません。そして、自分の思うままに支配することはできません。全部そうなのです。

そのように、五蘊とは、無常であり、苦しみであり、無我である、それがお釈迦様の教えの原点でした。そうしたところから発達して、「五蘊は皆空である」と説かれるようになったのです。

そして更に、そのような空の立場から見れば、四諦というもの（苦集滅道）も、そこにはありはしないと、般若心経では高い次元から説かれました。般若心経が、高い次元から旧来の教えを否定するということは、これが初めてではありません。十二因縁の否定ということも既にご紹介しました。その際には、鏡の譬えを用いてお話ししました。

私たちの心の本体は鏡のようなもので、そこにどのようなものが映ったとしても、鏡が増えるわけではなく、その映ったものがなくなったからといって、鏡が減るわけでもないのです。「十二因縁」という私たちの苦しみも、鏡に映った映像のようなものです。映ってはいるけれども、それによって実在としてあるものではありません。

お釈迦様の教えである、苦しみということも、苦しみの原因も、それから苦しみの原因を滅するということも、その滅する道というものも、これまたすべて、私たちの心の本体、鏡に映った映像のごときものであって、空の立場においては、それらは夢のごとく、幻のごとく、実体として存在するものは何もありはしないのです。

なにも分かっていない者にこそ伝わる

そう言われても、どうもよく分かりにくいなという人があれば、それは素晴らしいです。何となれば般若心経は「無智亦無得」、知ることもなく、得るところもないものです。もし、「今日は般若心経がよく分かった」と思っても、よく分かるということは、自分の知識、認識を増やしたにすぎません。しかし般若心経は、そうした理解も幻にすぎないのであるから、そのような執着からは離れよ、という教えなのです。

ですから、もし私が般若心経の試験を作って、「般若心経はさっぱり分かりませんでした」という答えがあれば、私は満点をつけてあげたいと思います。その人は般若心経を最もよく分かっています。反対に、般若心経がよく分かったと言って事細かにたくさん書いてくる人は、むしろ般若心経から一番遠いと、私は思います。そのようなことが、禅の歴史の中ではよくあるのです。

禅の話になりますが、初祖の達磨《だるま》様がインドから中国に禅を伝えて、それから六代目に、六祖・慧能《えのう》という方がいらっしゃいます。この方が、今日の禅の教えの基となっています。

この方は、達磨大師から数えて五代目の方から教えを受け継いだのですが、そのときのことを伝えている話を紹介しましょう。

一僧師に問うて云く、黄梅の意旨、甚麼人か得たる。師云く、佛法を會する人得たり。僧云く、和尚還って得るや否や。師云く、我佛法を會せず。

（『六祖壇経』）

黄梅《おうばい》とは、五代目の祖師です。ここでは、「五代目の教えは一体誰が得たのでしょうか」と問うています。「佛法を會《え》する人」、仏法を会得した人、平たく言えば、分かった人が得たのでしょうと。では「五代目から禅の教えを継承されたあなたは、仏法を理解しておりますか」と聞くと、六祖という方は、「私は仏法について何も分かってはいない」と言ったのです。

『碧巌録《へきがんろく》』という書物などにも説かれていることですが、五祖・黄梅という、達磨様から五代目の方の門下には、何百人もの優れた人たちがいました。その何百人もの優れた人たちは皆、仏法をよく理解した人でした。しかし、ただ一人、六代目を継いだ人だけは、仏法をまったく分かってはいませんでした。そのまったく分かっていない六祖に禅は伝わったのだと、このような内容なのです。

分かったという人には何も伝わりませんでした。何も分かっていないという慧能に、禅の教えが伝わりました。それで「知らざる最も親《した》し」なのですね。分からないということが、真理に最も近いと。会得したということは、概念になってしまうのです。同じようなことが、次の話でも示されています。

石頭禅師

時に門人道悟問う、曹谿の意旨、誰人か得たる。師曰く、佛法を会する人得。曰く師還って得すや否や。師曰く、我佛法を会せず。

（『景徳伝灯録』巻一四）

「曹谿《そうけい》の意旨」とは六祖の教えです。「六祖の教えは、誰が得たのでありましょうか」。「仏法を理解した人がそれを得ます」。六祖のお弟子の石頭禅師に、「あなたは理解しましたか」と。すると「私も理解をしていない」と。この石頭禅師が、六祖の教えを継承していきました。

主格未分の地平

では、分かるとはどのようなことなのでしょうか。時代が一遍に飛びまして、大拙先生の言葉を参照したいと思います。

> 分割は知性の性格である。まず主と客とをわける。われと人、自分と世界、心と物、天と地、陰と陽、など、すべて分けることが知性である。主客の分別をつけないと、知識が成立せぬ。知るものと知られるもの――この二元性からわれらの知識が出てきて、それから次へ次へと発展してゆく。哲学も科学も、なにもかも、これから出る。個の世界、多の世界を見てゆくのが、西洋思想の特徴である。
>
> （鈴木大拙「東洋文化の根抵にあるもの」『東洋的な見方』角川ソフィア文庫）

「分かる」は「分ける」と同じ字を書きますね。分割の「分」という字を書きます。分かるということは、まず分析、分割から始まります。学問の仕事は分析と分割です。分析して、対照して、これとこれにはどのような違いがあって、どのような特徴があるかということを分けて、比較して、考察をして、学問というものは成り立っていきます。「われと人、自分と世界、心と物、天と地、陰と陽、など、すべてを分けることが知性である」と。「分かる」ということは「分ける」ということです。まず、自分と外の世界を分けます。それが一番の迷いの根本だと、禅では言うのです。この頃よく使われる「ＳＤＧｓ」という言葉があります。別に批判するつもりはありません、素晴らしい活動であるということはあらかじめ申し上げておきます。しかし禅の立場からすると、何か自分と地球環境とを分けているのではないかと思うのです。

禅の立場から言えば、この地球は私そのものです。「私がこの地球を何とか持続可能なようにしよう」というように自分と世界を分けるのではなくして、私自身がこの地球そのもの、私自身がこの社会そのものなのではないでしょうか。われと人、自分と世界とを分けることはできません。

そのようなことを頭で理解するのではなくして、体感をしたいというのが坐禅です。ですから、坐禅は、物を考えるな、何も考えずにただ坐れと教えます。そうすると、自分というものがここに独立して存在しているという感覚がだんだんと薄らいでくるのです。何か外のものと交じり合っていくような感覚というのでしょうか。外のものを見ても、物がくっきりと、輪郭があって形があって、個別の存在があるように見えていたものが、だんだんとその輪郭がぼやけてきて、自分と物との間にあったような隔たりが、だんだん、だんだん、薄らいできてしまって、何やら渾沌として一つになっていくような、そのような体験をするものです。

分けて考えるというのは、何となれば後天的に、後から始まったのでしょう。しかし、それが迷いです。「すべてを分けることが知性である」。主と客を分けないと、知るということは始まらず、知識は成立しません。「知るものと知られるもの――この二元性からわれらの知識が出てきて、それから次から次へと発展してゆく」という、ここなのです。はじめにお伝えしたように、この身体が「無常なるもの」で、「永遠なるもの」としての空は別にある、というように分けて考えてしまうと、それはもはや般若心経の教えではありません。別々でないものを一つだということが「色即是空」なのです。

自分と外の世界とを分けて考えるところから、今日の知識というものが、次から次へと発展してきたのです。哲学も科学も、何もかも、ここから出てきます。そして大拙先生は、自分と外の世界を分けて見ていくのが西洋思想の特徴であると仰っています。しかし、西洋の思想も大分変わってきました。今日のような量子力学のような科学の世界になってくると、本当に、物の境目などは多分ないのでしょう。五蘊ということを説明するのに、色受想行識の、色は肉体で、受・想・行・識は心だと言います。しかしそれは私たちに分かりやすく説明するためにそのように言うだけであって、本当は、肉体と精神の働きの間に境目はないのだと思います。

盤珪禅師などは、江戸時代の人ですけれども、そのようなことが体感的に分かっていたのか、心の働きが凝集して固まってできたのが肉体だと説いています。そのような感覚でありましょう。

分けた世界に起こること

また、大拙先生はこのように続けています。

それから、分けると、分けられたものの間に争いの起こるのは当然だ。すなわち力の世界がそこに開けてくる。力とは勝負である。制するか制せられるかの、二元的世界である。高い山が自分の面前に突っ立っている、そうすると、その山に登りたいとの気が動く。いろいろと工夫して、その絶頂をきわめる。そうすると、山を征服したという。

鳥のように大空を駈《か》けまわりたいと考える。さんざんの計画を立てた後、とうとう鳥以上の飛行能力を発揮するようになり、大西洋などは一日で往復するようになった。大空を征服したと、その成功を祝う。ちかごろはまた月の世界までへも飛ぶことを工夫している。何年かの後には、それも可能になろう。月も征服せられる日があるに相違ない。この征服欲が力、すなわち各種のインペリアリズム（侵略主義）の実現となる。自由の一面にはこの性格が見られる。（同右）

分けた後にわれわれは何をするかというと、比べるのです。比べると何が起こりますか。大きい／小さい、強い／弱い、力の世界がそこに現れてきます。力の世界とは勝負の世界です。制するか制せられるか、二元的世界がここに現れます。国と国とを分けて、強い国は弱い国を征服しようとします。分けられたものの間に争いが起こります。

東洋では、山というものを神様だと思い、拝むという考えがありました。ところが一昔前の西洋的な考えでは、山が面前にあって、その山に登りたいと思い、いろいろと工夫をして山を登ると、それを「山を征服した」と言うのです。このような言い方を大拙先生は嫌うのです。これは、自分と山とを完全に分けた世界です。

鳥が空を飛んでいるのを見て、自分もあの鳥のように空を飛びたいと思い、いろいろ苦労した結果、今日、われわれは飛行機のようなものをつくり出して、大西洋などは一日で往復できるようになりました。その結果、「大空を征服した」と言います。「ちかごろはまた月の世界へまでも飛ぶことを工夫している。何年かの後には、それも可能になろう」というのは、今日では既に可能になりました。「月も征服せられる日があるに相違ない。この征服欲が力、すなわち各種のインペアリズム（侵略主義）の実現となる」ということを、大拙先生は随分昔から言われました。

分けるというところに苦しみがあります。分割をしようという働き、そこにこそ苦しみの原因があるのです。昨今のＳＤＧｓというものは、耳触りも大変いいし、素晴らしい思想ですけれども、やはり根本においては分けて考えているのではないでしょうか。私が地球だ、地球が私だという、この一体感から出てくる働きこそが、禅でいうところの慈悲の働きです。般若心経では、慈悲ということを直接には言いませんが、その一体感から自然と現れてくるのが慈悲の働きであります。

何も持たなくても

しかしながら私たちは現実に、この自分というものが外の世界と切り離されてあると思っています。

「わたしには子がある。わたしには財がある」と思って愚かな者は悩む。しかしすでに自己が自分のものではない。ましてどうして子が自分のものであろうか。どうして財が自分のものであろうか。

（法句経・六二）

これは自分だ、自分の子供だ、自分の財産だと言って、そのために苦しむのです。しかし、自分すら自分の思うようにはならないのに、なぜ、子が自分のものでありましょうか、財産が自分のものでありましょうか。親子の問題でも似たような苦しみは尽きません。親が子供を自分の思うようにしようとすると、子供は苦しむものでしょう。

「十二因縁」の最初は「無知」から始まりました。何も知らないところに、感覚器官が備わって、外のものに触れて、そうして渇愛（愛）、執着（取）を起こして、迷いの存在（有）となって、苦しみ（生）を繰り返します。

所有というものは苦しみを生みます。これは『法句経』の言葉です。

われらは一物をも所有していない。大いに楽しく生きて行こう。光り輝く神々のように、喜びを食《は》む者となろう。

(法句経・二〇〇)

われらは、一物も所有していない。けれども、何も持たなくても、大いに楽しく生きていこうと。光り輝く神々のように、喜びを食む者となろう。このようなお釈迦様の教えが、基にありました。

自分の内に光を差し向ける

何も知ることがないということと、もう一つ、何も得るところがないということが、般若心経に説かれています。私たちは、何かを得たいと思います。このような講義にも、何かを得たい、学びたいと思うものです。

以前、真言宗のある講習会で、「虚にして往き実にして帰る」という言葉が説かれているのを聞いたことがあります。これは、何も持たずに空っぽで行って、そこで一生懸命勉強して、何かを得て帰るということです。なるほどと思いました。しかし、禅は反対なのです。

たくさん持ってそこに行って、何も持たずに帰ってくるというようなことを尊びます。何かを得るということは、むしろ苦しみを生み出します。

『臨済録』の言葉を紹介したいと思います。ここでは岩波文庫の『臨済録』にある入矢義高先生の現代語訳を読んでいきましょう。

問い、「初祖が西からやって来た意図は何ですか。」

師、「もし何かの意図があったとしたら、自分をさえ救うこともできぬ。」

「なんの意図もないのでしたら、どうして二祖は法を得たのですか。」

師、「得たというのは、得なかったということなのだ。」

「得なかったのでしたら、その得なかったということの意味は何でしょうか。」

師は言った、「君たちがあらゆるところへ求めまわる心を捨てきれぬから〔そんな質問をする〕のだ。」だから祖師も言った、「こらっ！　立派な男が何をうろたえて、頭があるのにさらに頭を探しまわるのだ」と。

この一言に、君たちが自らの光を内に差し向けて、もう外に求めることをせず、自己の身心はそのまま祖仏と同じであると知って、即座に無事大安楽になることができたら、それが法を得たというものだ。

（入矢義高訳注『臨済録』岩波文庫）

はじめの「達磨様が西からやって来た意図は何ですか」とは、「禅とは何ですか」という意味の質問です。しかし、「もしそこに何か意図があったのなら、自分すら救うこともできない」と。

そこで「何の意図もないのであれば、どうして達磨様のお弟子の二祖は法を得たのですか」と。それに対して、臨済禅師が言ったのは、「得たということとは、得なかったということなのだ」。逆を言えば、何も得ないということこそが、本当に会得をしたということなのだと。

何かを得たものがあったとしたら、それはまた苦しみを生み出します。得たものを守っておきたいとか、場合によっては、自分はこのようなものを得たけれども、あなたはまだ得ていないでしょうという慢心につながります。「得というのは不得なり」。何も得ないということが、本当に得たということなのです。

そこでその得なかったということの意味を問いました。すると、「そのように問うのは、あなたがあらゆるところに求め回る心を捨てきれないから」であると。「立派な男が何をうろたえて、自分の頭がないと思って、自分の頭を外に探しているような、そんな愚かなことである」と、祖師はそう言ったのです。

この箇所では、はじめに「君たちが自らの光を」と言っています。眼で物を見るということは、皆、外に向かっています。耳で聞くということは、外に向かって働きます。その外に向かう働き、外に向かう光を一八〇度転回して内に向ける、これを「回光返照《えこうへんしょう》」と言うわけです。外に何かを得ようとするのではなくして、「自分の光を内に差し向ける」という意味です。

湧いてくる慈しみ

何も得るところがないということは、同時に、失う心配もありません。何も持たぬ者の豊かさといいましょうか、失うことがありませんから、究極にはそこで恐れや不安から解放されるわけです。

以無所得故《いむしょとくこ》　菩提薩埵《ぼだいさった》　依般若波羅蜜多故《えはんにゃはらみったこ》　心無罣礙《しんむけいげ》

得る所なきを以ての故に。菩提薩埵は、般若波羅蜜多に依るが故に。心に罣礙なし。

得るということがないから、諸の求道者の智慧の完成に安んじて、人は、心を覆われることなく住している。

菩提薩埵とは菩薩のことですが、道を求める者、菩提を求める者、悟りを求める者は、般若波羅蜜多（智慧の完成）によるが故に、とあります。この智慧とは、何かを知って学んで、その知識を自分のものとして増やすというような営みではありません。むしろその逆であって、知るものも得るものも何もない、空っぽです。

空っぽと言うと、恐れや不安を感じるかもしれませんが、その空っぽのところからこそ、無限に豊かなるものがあふれ出てくるのです。そこに自分と外の世界との一体感があふれてきますから、自然と、外のものを慈しみます。自分が花を見るのではなくして、自分が花なのです。花が自分であります。鳥が鳴いていると、自分が鳴いています。自分が鳥の声を聞くのではなくして、私が鳴いているのです。そうすると、鳥がかわいそうだから助けてやろうということではなくして、その一体になったところに湧いてくる慈しみ、思いやりがあります。

花に水が足りていなければ、もう自分が水を飲むのと同じような気持ちで、花に水を差し上げます。それは花がかわいそうだからあげるのではなくして、こうして自分が水を飲むのと同じような営みとして、花に水を差し上げることができる。そうすると、心に何も罣礙なし、と。

さらさらと生きる

罣礙とは、罣は「引っかける」、礙は「妨げる」の意味です。梵語で「アーヴァラナ」と言いまして、「覆うもの。迷悟、生死、善悪などの意識によって心を束縛されている」という意味です。ですから「心無罣礙」とは、心に何か引っかかり、妨げるものがなくなる、心に覆いかぶさっているものがなくなるのです。

覆いかぶさっているものはいろいろあるでしょう。たとえば、怨みです。この世の中に、怨みを抱いている人は多いと思います。どこの世界でも、学問の世界であろうと、はたまた坊さんの世界であろうと、このようなものはなかなかなくなるものではありません。大きなところでは、国と国との間にあります。しかし、お釈迦様はこのように説かれました。

怨みをいだいている人々のあいだにあって怨むこと無く、われらは大いに楽しく生きよう。怨みをもっている人々のあいだにあって怨むこと無く、われらは暮していこう。悩める人々のあいだにあって、悩み無く、大いに楽しく生きよう。悩める人々のあいだにあって、悩み無く暮そう。貪っている人々のあいだにあって、患い無く、大いに楽しく生きよう。貪っている人々のあいだにあって、むさぼらないで暮そう。

われらは一物をも所有していない。大いに楽しく生きて行こう。光り輝く神々のように、喜びを食《は》む者となろう。

（法句経・一九七－二〇〇）

もう一つ、同じくお釈迦様の言葉ですけれども、こちらは友松圓諦《ともまつえんたい》先生の訳です。

所有《わがもの》というものなくとも、われらこころたのしく住まんかな。光音とよぶ天人のごとく喜悦《よろこび》を食物《かて》とするものとならんかな。

（友松圓諦『法句経』講談社学術文庫）

禅の教えでは、禅の喜びや、坐禅をすることの喜び、これが自分の食べ物、糧となっていくのです。ですから、何もないところからあふれてくる豊かな喜びというのでしょうか、このようなものが、般若心経から学べるところです。物を集めて増やそうという発想からは、一八〇度の転換です。物を集めよう、増やそうということは、もう限界ではないでしょうか。資本主義的な大量生産、大量消費というような洗脳からは、いいかげんに離れないと、地球環境も破壊されるばかりではなかろうかという気がいたします。

さて、こうした「心に罣礙なし」ということを、京都女子大学の基となるものをつくられた甲斐和里子先生は、このような歌で表現されています。

岩もあり　木の根もあれど　さらさらと　たださらさらと　水の流るる

別段、岩や木の根っこを全部取り除くわけではないのです。この社会にあるさまざまな苦しみや現象をすべて取り除いて、空になるのではありません。そのようななかにありながら、引っかかることなく、とらわれることなく、さらりさらりと生きていきたいというのが理想です。そのようなことを、般若心経から学びたいのです。

だんだん寒くなってまいりますので、風邪などに気を付けて、皆さまご自愛下さい。また次回、どうぞよろしくお願いいたします。ありがとうございました。

第6講

未明渾沌を歩む

――真実不虚

大いなる肯定

本日は「無罣礙故　無有恐怖」というところからずっと最後までを読みたいと思います。まずは訓読と現代語訳とともに読んでいきましょう。

無罣礙故《むけいげこ》　無有恐怖《むうくふ》　遠離一切顛倒夢想《おんりいっさいてんどうむそう》　究竟涅槃《くきょうねはん》
三世諸仏《さんぜしょぶつ》　依般若波羅蜜多故《えはんにゃはらみったこ》　得阿耨多羅三藐三菩提《とくあのくたらさんみゃくさんぼだい》
故知般若波羅蜜多《こちはんにゃはらみった》　是大神呪《ぜだいじんしゅ》　是大明呪《ぜだいみょうしゅ》　是無上呪《ぜむじょうしゅ》　是無等等呪《ぜむとうどうしゅ》
能除一切苦《のうじょいっさいく》　真実不虚《しんじつふこ》　故説般若波羅蜜多呪《こせつはんにゃはらみったしゅ》
即説呪曰《そくせつしゅわつ》
　羯諦羯諦《ぎゃていぎゃてい》　波羅羯諦《はらぎゃてい》　波羅僧羯諦《はらそうぎゃてい》　菩提薩婆訶《ぼじそわか》
般若心経《はんにゃしんぎょう》

罣礙なきが故に、恐怖《くふ》あることなく、（一切の）顛倒夢想を遠離して涅槃を究竟す。三世諸仏も般若波羅蜜多に依るが故に、阿耨多羅三藐三菩提を得たまえり。故に知るべし、般若波羅蜜多はこれ大神咒なり。これ大明咒なり。これ無上咒なり。これ無等等咒なり。よく一切の苦を除き、真実にして虚ならざるが故に。般若波羅蜜多の咒を説く。

すなわち咒を説いて曰わく、

揭帝　揭帝　般羅揭帝　般羅僧揭帝　菩提僧莎訶

般若波羅蜜多心経

心を覆うものがないから、恐れがなく、顚倒した心を遠く離れて、永遠の平安に入っているのである。過去・現在・未来の三世にいます目ざめた人々は、すべて、智慧の完成に安んじて、この上ない正しい目ざめを覚り得られた。それゆえに人は知るべきである。智慧の完成の大いなる真言、大いなるさとりの真言、無上の真言、無比の真言は、すべての苦しみを鎮めるものであり、偽りがないから真実であると。その真言は、智慧の完成において次のように説かれた。

ガテー　ガテー　パーラガテー　パーラサンガテー　ボーディ　スヴァーハー

（往ける者よ、往ける者よ、彼岸に往ける者よ、彼岸に全く往ける者よ、さとりよ、幸あれ。）

ここに、智慧の完成の心が終った。

はじめに「心を覆うものがないから」とあります。二つ目の「無罣礙」が出てきますが、今一度、心を覆うものとは何でしょうか。われわれは、迷悟、生死、善悪などの意識によって心を束縛されているのです。

そして「恐れがなく」とあります。人間の感情で、私たちの身心に一番強い影響を与えるのが、恐れ、恐怖であろうと思います。しかし、この般若波羅蜜多を実践することによって、恐れがなくなります。そうすると、顛倒した心、すなわち誤ったものの見方を遠く離れて、永遠の平安に入っているのだと。永遠の安らぎとは、私たちが目指す世界です。

そして「過去・現在・未来の三世にいます目ざめた人々」とは、これを仏教では「ブッダ」「仏」と申します。それが、この智慧を完成することによって、「この上ない正しい目ざめを覚り得られた」と説かれています。

「それゆえに人は知るべきである」。この智慧の完成、般若波羅蜜は、この上ない、他に比べるもののないまことの言葉であると。その真言は、智慧の完成において次のように説かれた。ガテーガテー　パーラガテーパーラサンガテー、ボーディスヴァーハー。「ここに、智慧の完成の心が終った」と。

この現代語訳だけを見ても、なかなか分かりにくいところも多いかと思われます。しかしいかがでしょうか。これまでいろいろと学んできましたので、少しは「このようなことかな」と感じるところもあろうかと思います。そして、ずっと学んでこられた方は、何か一つ、お気付きになるのではないでしょうか。

この般若心経は、これまでずっと、否定の言葉ばかりが続いていたのです。すべては空である、五蘊は空である、色は空である、受想行識も空である、空の中には眼耳鼻舌身意もない、あれもない、これもないと、ずっと否定の言葉が続いていました。

ところが最後になると、恐れがなくなり、この智慧の完成――般若波羅蜜――の素晴らしさをたたえて、これこそが偽りのない真実であると、最後には、大きな肯定となっているのです。そして、「往ける者よ、往ける者よ」とは、これでいこう、これでいこう、これで歩んでいこう、歩みを進めていこうではないかという、そのような呼びかけの言葉で終わっているのです。

初期仏教から真言まで

私自身もこうして皆さんと一緒に般若心経を学んでいくうちに、新たな気付きがたくさんありました。般若心経については、よく、ここに仏教のすべてがあるというようなことを言われる人があるのですが、私はそのような見方に対しては否定的でした。そんなことはないであろうと思っていたのです。

たくさんある大般若経の中で、最初は『八千頌般若経』と言われる初期の般若経があり、それがだんだん二万五千頌、十万頌と増えていき、その増えすぎた後に、今度は『文殊般若経』や『金剛般若経』などのような短い般若経典がまとめられるようになっていきました。そして、その頃にできあがった極めて短い経典が、般若心経なのです。ですから、これだけの文章のなかで仏教のすべてを言い尽くすなどというのは、流石に言いすぎではないかと、内心思っていたのです。

しかし、今回こうして皆さんと一緒に学んでいて、そこにはかなり深いものがあるのだと、改めて思ったのです。

般若心経がいつ頃できたのか、ということには諸説あります。しかし、鳩摩羅什《くまらじゅう》という人が最初に訳していますから、鳩摩羅什が生きた四世紀ないし五世紀の頃には既にできていたのでありましょう。大乗仏教の発展のなかで出てきたのです。

この講義でも、最初は「五蘊」について、この世にあるものは五つの構成要素であるということから、お話をしてまいりました。私たちがこの世にあると思っているものは、実際にあるのではなくして、五つの要素が束のように集まって、そこに幻影を見ているにすぎないのだと、これがお釈迦様の一番の教えでした。存在しているもの、特に「私」という自我は、そのような不変のものがあるのではなくして、五つのものが合わさって仮にそこにあるように見えているにすぎないのです。

そして、そのお釈迦様が分析された五つの構成要素というものについて、更に細かく発展させていったのが「部派仏教」です。そこに更に、大乗仏教が起こり、その五つの構成要素もまた「空」であると説いたのです。これが般若経典の大きな特徴でした。

映画館で映画を見るようなものです。私たちは、映画館の映像を見ているのです。スクリーンに映る映像に実体はありません。あれは、映写機やスクリーンがあって、そこに光が反射して、あたかもそこに実際の場面があるように見えているにすぎません。われわれが今見たり聞いたりしている世界も、それと同じようなものなのです。これが、お釈迦様が説かれた、最初の時期の無我説です。

しかし、大乗仏教、般若経典になり、映画館も空である、映写機も空である、スクリーンもまた空であるというように、それらもすべてが空だということで、否定していきました。「五蘊皆空」や「色即是空」という言葉で、「すべては空である」ということを示したのです。

ところがそのような般若心経において、あるところから変化が起こってきます。「不生不滅」というように、「不生なるもの」が出てくるのです。空性といえば、皆すべてのものは浮かんでは消えていく泡のごとき、生じては滅していくものという教えでしたが、そこに「不生不滅」という言葉が出てきました。そして、さらに「空の中には」という言葉も出てきました。すると、空ということは、単なる虚ろ、何もないという否定形ではどうしても説明がつきにくく、一つの壁となります。

そこで、生ずることもなく、滅することもない空の世界というものが考えられるようになります。これを、後にわれわれ禅宗などは、「仏様の心」「仏様の世界」「仏心」「法身」「法性」というような言葉によって、肯定的に表現するようになっていきました。

仏心の世界、仏様の世界、そのなかには私たちの肉体も、精神の働きも、苦しみも、何もないのです。その大きな仏様の心のなかから見てみれば、私たちが何かを学んで得たと思っていたとしても、実は得るものも知るものも何もないのです。

そのようなことは、ざるで水を汲もうとするようなものです。汲もうとすればするほど、水は抜け落ちてしまいます。そうではなくして、ざるを水の中にどぶんと浸けるのです。私たちの身も心も全部、仏心の世界、仏様の世界の中に投げ入れていくのです。そのような世界がやはり般若心経に現れてくるのです。

そして最後は、真言の世界なのです。般若波羅蜜を信じて、一心にこの言葉を唱えて、皆で一緒に頑張って努力していきましょうと、真言の世界に発展していくのです。残念ながら私は真言をそれほど詳しく勉強したわけではありませんが、真言とは、大乗仏教の究極であることは間違いないのです。

大乗仏教は、禅の「仏心」から、更に究極、真言の世界まで発展していきました。信仰の世界であり、祈りの世界であり、この現実の世の中を生きていく大きな力になっていくという世界が、般若心経でも説かれて終わるのです。

そうしてみると、やはり多くの人たちが言っていたように、これはお釈迦様の説かれた初期仏教の説から、部派仏教の立場になり、般若思想の立場になって、そこから仏心の世界が説かれていき、そして最後は、究極の真言という、真実の世界になる。そして、皆に頑張っていこう、一歩一歩歩んでいこうという、力強い呼びかけ、まことの言葉で終わります。素晴らしいお経だと、改めて思ったのです。そのようなことを、今日は最後にもう一度学び直したいと思います。

すべてのものが満ちている世界

こうして一人で得意になって話をさせてもらいましたけれども、般若心経の話というのは、何遍しても、なかなか分かりにくいと仰る方が多いというのが実際です。しかしこれも、何度かそうした問題についても触れたかと思いますが、分かりにくい、分からなかった、難しいからといって、決してそれが悪いことではありません。どうも分からなかったなというのは実は素晴らしいのです。

他の学問の分野では、分かるに越したことはありません。しかし、特に般若心経や空の世界については、この分からなさの方が大切のように思います。何となれば、「分かる」ということは、「分ける」ということだからです。しかし、大事なことは、分けられないところにあるのだと私は思います。

そのようなことを毎年つくづく感じる季節があります。、十二月の一日から八日の未明の頃まで、私ども禅宗では「臘八摂心《ろうはつせっしん》」といって、一週間ずっと坐禅するのです。修行僧たちは本当に寝ずに坐ります。私も午前二時には皆さんと一緒に坐禅を始めます。午前二時、皆さん、これは朝ですか、夜ですか。夜ずっと遅くまで仕事をしている人にとっては、まだ夜だということになるでしょうし、私どもは朝の三時からお勤めが始まりますから、その少し前という感じで、どこか朝に近いような感じです。

しかし、午前二時に坐禅堂で坐っておりますと、朝だか夜だか分けられない世界です。「未明渾沌」と言いました。この味わいが何とも言えないものですから、毎年この時期は午前二時に坐禅をするのであります。そのようなときがなければ、午前二時には私なども寝ております。皆さんと一緒に修行道場に置いていただいているから、午前二時に坐禅をさせてもらうのです。

そのときに、いつもこの坂村真民《さかむらしんみん》先生の詩を思うのです。

みめいこんとん

わたしがいちにちのうちで
いちばんすきなのは
みめいこんとんの

ひとときである
わたしはそのこんとんのなかに
みをなげこみ
てんちとひとつになって
あくまのこえをきき
かみのこえをきき
あしゅらのこえをきき
しょぶつしょぼさつのこえをきき
じっとすわっている
てんがさけび
ちがうなるのも
このときである
めいかいとゆうかいとの
くべつもなく
おとことおんなとの
ちがいもなく

にんげんとどうぶつとの
さべつもない
すべてはこんとんのなかに
とけあい
かなしみもなく
くるしみもなく
いのちにみち
いのちにあふれている
ああわたしが
いちにちのうちで
いちばんいきがいをかんずるのは
このみめいこんとんの
ひとときである

（『坂村真民全詩集 第二巻』より）

みめいこんとんのひととき——まだ夜が明ける前、夜だか朝だか、区別がつかない時間帯です。「こんとん」については、ある故事があります。昔、渾沌という王様がいたのです。

この渾沌という王様は、目もなければ、耳もなければ、鼻もなければ、口もありませんでした。ですから、何も見えない、何も聞こえない、何の匂いも嗅げない、何の物も味わえないという王様でした。

その何も見えない、何も聞こえないでは、かわいそうだということで、親切心を起こした別の王様が、一日に一つずつ、渾沌に穴を開けていったというのです。大体、目が二つ、耳が二つ、鼻の穴が二つ、口が一つですから、人間の顔には七つの穴があります。一遍に開けると大変だということで、一日に一つずつ穴を開けていきました。七日間かかります。そうして七日かけて穴が全部開いたら、渾沌は死んでしまったのでした。そのような話が、『荘子』という書物に出ているのです。

すべて、目がよく見えて、耳が聞こえて、鼻で匂いも嗅いで、舌で味わうこともできて、物も言えるようになったときには、何か大切なものがそこで失われているのだということを、この『荘子』という書物では訴えているのではないでしょうか。何も区別しないもの、分けられないもの、そのようなものの尊さがあるのです。これはどういうものだと説明してしまうと、渾沌は死んでしまうのです。ただそのなかに身を置いて、そのなかで味わっているしかないのです。

そこで、坂村真民先生も、「わたしはそのこんとんのなかに　みをなげこみ　てんちとひとつになって」とうたわれ、そこに「あくまのこえをきき　かみのこえをきき」とあります。悪魔と神も分けることができない、これが本質だと思います。邪悪なものと聖なるものと、二つに分けることができないのです。

日本の神様の世界はそうだと思います。荒ぶる神という随分乱暴な神様もいれば、素晴らしい神様もいる。全部ひっくるめて日本の神様です。「あしゅらのこえをきき　しょぶつしょぼさつのこえをきき」、仏様、菩薩の声だけではなく、うめき声のような阿修羅の声も聞こえてくる、悪魔、サタンの声も聞こえてくる、そういうところこそ、空の世界です。空とは何もないのではなくして、そのようなすべてのものが満ちている世界でもあろうかと思います。

「てんがさけび　ちがうなるのも　このときである　めいかいとゆうかいとの　くべつもなく」。この冥界と幽界というと同じように聞こえますが、これを般若心経の言葉で言えば、「色と空との区別もなくなる」ということです。「おとことおんなとの　ちがいもなく　にんげんとどうぶつとの　さべつもない　すべてはこんとんのなかに　とけあい　かなしみもなく　くるしみもなく」、それでいてこの充実した「いのちにみち　いのちにあふれている」。言葉で表現すると、このようなものが空の世界に近いのではないかと思います。

すべてはみな、生かされている

それでも分かりにくいという場合には、お互いの命というものを考えてみるといかがでしょうか。銘々の命について、「いのちはつながりだ」と。

辻光文先生という方がいらっしゃいました。辻先生は昭和五(一九三〇)年、東京で生まれ、秋田県の山の中の禅寺で育ちました。長じて京都の臨済学院専門学校に進みました。辻先生は卒業しても寺院に所属せず、在家仏教徒として生きようと思いました。幾多の苦労を重ねますが、やがて大阪の教育支援施設を訪ねたことから、そこで住み込みで働くことになりました。その後、大阪市立阿武山学園という小舎夫婦制の施設で、道を踏み外した児童たちと生活を共にしながら、自立を手助けするようになりました。いろいろな人生経験を経た末に、このような詩を作られたのです。

「いのちはつながりだ」と平易に言った人がいます。
それはすべてのものの、きれめのない、つなぎめのない東洋の「空」の世界でした。

障害者も、健常者も、子どもも、老人も、病む人も、あなたも、わたしも、区別はできても、切り離しては存在し得ないいのち、いのちそのものです。それは虫も動物も山も川も海も雨も風も空も太陽も、宇宙の塵の果てまでつながるいのちなのです。

劫初《ごうしょ》よりこの方、重々無尽に織りなすいのちの流れとして、その中に、今、私がいるのです。すべては生きている。というより、生かされて、今ここにいるいのちです。

その私からの出発です。すべてはみな、生かされている、そのいのちの自覚の中に、宇宙続きの、唯一、人間の感動があり、愛が感じられるのです。

本当はみんな愛の中にあるのです。
生きているだけではいけませんか。

（神渡良平『苦しみとの向き合い方』ＰＨＰ研究所より）

皆この命というものは、私の命、皆さん方の命、鳥の命、動物の命、草の命、木の命、それぞれが別々にあるように思います。別々にあるように見えているのが「色」の世界です。しかし、命そのものはというと、そのような、目に見える区別、差別を超えて、根底においては全部のつなぎ目がなく、「空」なのです。

空とは、何々がないという状態ですから、つなぎ目がない、差別がない、境目がない世界です。われわれはそれに差別をつけるのです。同じ命なのに、この人は健常者である、この人は障がい者である、この人は老人である、この人は若者である、この人は病人である、この人は健康であると、差別をつけます。しかしながら、命というものは、区別はできても、切り離して存在することはできません。

皆、本当はつながり合っているのです。離れているように見えるのは、目や耳や、それから小さい頃から、これは私のもの、あなたのものという考えを植え付けられてしまって、そのように区別して見えているだけです。

ずっと坐禅をして、そうして見えてくる世界は、皆が一つにつながり合った世界にほかなりません。区別はない、差別はないという世界です。「それは虫も動物も山も川も海も雨も風も空も太陽も、宇宙の塵の果てまで」、全部ひとつながりにつながっている世界です。これを空の世界と言いました。そこから見れば、私の小さな眼耳鼻舌身も、色声香味触も、そうした区別は存在しないのだと、そのような世界を説いていたのです。

この世界、宇宙が始まってから、幾重にも幾重にも重なり合い、「織りなす命の流れとして、その中に、今、私がいる」。すべては生きている、というよりも、そのような大きな命の中に、私たちは今、生かされているのだと。このようなものの見方ができたならば、現実の世界で多少落ち込んだり、困ったなというようなことがあっても、広い命の世界から見れば、小さなことではないかと思えてくるのではないかと思うのです。

人間の感動とは、「私」が何かを達成した喜び、それも生きる上においては大事だと思いますが、私たちが大事にする宗教的な感動というものは、この個別の身体を超えた大いなる命の世界に触れ合ったとき、目覚めたとき、そのなかに生かされていると気がついたときの喜びであり、感動であり、そこで初めて、そのなかに生きている、ありとあらゆるものに対する愛情というものがあふれてくるのでありましょう。

そのように見ることができたならば、何々をしなければいけない、これを達成しなければ意味がないというような見方ではなくして、お互いに生きているだけで素晴らしいのではないでしょうか。「生きているだけではいけませんか」と。

恐れを越えて

そのようなものが、般若心経、空の世界です。ですから、分別して理解しようとしても、それだけでは分からない世界です。分からないことの素晴らしさ、分けられないことの尊さ、このようなことを心にとどめておいていただけたらと思います。

そのようなものに気が付いてきますと、心にとらわれるものがなくなってきます。引っかかるものがなくなってきます。とらわれ、引っかかり、それは私自身というものに対するとらわれです。この私自身がいつまでもあってほしい、私自身のものを守りたい、私自身のものを増やしたい、私自身がもっとよく見られたい、そのようなとらわれがなくなりますから、恐れがなくなります。恐れというものが、人間にとって一番強い感情でしょう。

皆さん方は何を恐れますか。一昔前は、「地震・雷・火事・おやじ」と言いました。確かに地震も怖いです。雷もいつ落ちるか分かりません。この頃、うちの寺でも避雷針というものがあって、この間、避雷針にドーンと落ちました。電気の機械が全部故障してしまって、大変な目に遭いました。しかしお互いの命に別状はなく、助かりました。おやじが怖いというのは、昨今では大分薄らいでいるかもしれません。しかし、われわれにとっての一番の恐れというのは、やはり死でありましょう。死に対する恐れや不安です。

死への恐れや不安に向き合うときに、やはり私たちは宗教というものを必要とします。いろいろな宗教があろうかと思います。神様の世界がある、あるいは極楽浄土に導かれると信じる教えもありましょうし、般若心経のような智慧の完成によって苦しみを克服していくという教えもあろうかと思います。そのようにして、恐れや不安を克服できて、顛倒（誤った心）を離れて、永遠の安らぎに入ります。

そして、三世の諸仏、過去も現在も未来の仏様方もすべて、智慧の完成によって仏様になるのです。ですから、この般若波羅蜜を、「仏の母」「仏母」とも呼びます。智慧の完成によって、正しい目覚めを得られたのだと。

そうして最後です。この「智慧の完成」を、皆で唱えて歩んでいきましょうという呼びかけで終わるのです。この大いなるまことの言葉を唱えて、皆でこの道を歩んでいきましょうと。それが真実で、偽りのない道であると示すのです。

ガテー　ガテー　パーラガテー　パーラサンガテー　ボーディ　スヴァーハー

ガテーガテー　パーラガテー。これはよく、呪文だから訳さないとされ、玄奘三蔵も訳しませんでした。訳さなかったというところには大きな意味があると思います。ですから、漢訳で読むと「ギャーテー　ギャーテー　ハーラーギャーテー　ハラソーギャーテー」と、もう無心に唱えるのが一番でありましょう。

ただ、この現代においては、少しぐらいは意味についてもお話ししましょうということで、文法的に忠実に訳せば、「ガテー　ガテー」は「往った者、往ける者」、「歩みつつある者よ、歩んでいる者よ」という呼びかけです。

パーラガテー。あちらに行ける者。あちらの岸、理想の世界、苦しみのない世界、永遠の安らぎの世界に往ける者よ、という意味です。

パーラサンガテー。「サン」には「完全な」という意味があるので、彼岸の世界、安らぎの世界に完全に往く者よ、となります。

ボーディスヴァーハー。「スヴァーハー」は、これは「幸いあれ」と訳しますけれども、本来は訳せない言葉だと言われています。ですから「スヴァーハー!」と、もう喜び、歓喜に満ちた、内面からあふれ出てくるような発声なのであろうと思います。「さとりよ、幸いあれ」と。

般若心経が導く究極――無罣礙

もう少しだけ、言葉の説明を補足しておきましょう。「無罣礙」とは、罣礙がなくなる、引っかかりがなくなる、何のこだわり、とらわれがなくなるということでした。これが、般若心経が導く究極の世界です。かたよらない心、こだわらない心、とらわれない心、これも何度も紹介しましたが、そのような心を持って生きていくのです。これを忘れてはいけません。かたよらなく生きる、こだわりなく生きる、とらわれなく生きるのです。

自分の身体を苦しめるような苦しい苦行に偏らない。それから快楽にふけることにも偏りません。これが自分のやり方だ、これが昔からのやり方だというようなことにも、こだわりません。とらわれがありません。そして、自由に悠々と、一日一日を生きていきます。

「罣」は引っかかる、「礙」は妨げることです。貪りや、怒りや、愚かさなど、煩悩が妨げとなります。しかし、それだけではありません。これまでに学んだように、学んだことが妨げになるということもあるのです。これを否定していったというところも、般若思想の大きな特徴でした。

お釈迦様は、自我というものは幾つかの構成要素にすぎないと言ったものですから、その幾つかの構成要素というものを五つに分け、十二に分け、三十六に分け、あるいは「五位七十五法」というように、七十幾つにも分析をしていきました。しかし、そのような学んだものにとらわれていることもまた、妨げになってしまいます。

ですから、学んで分析して習い覚えた知識もまた、すべて捨ててしまうのです。学んだことも払いのけていくわけです。そして、四つの顛倒（誤ったものの見方）を離れます。

四顛倒
無常 → 常
苦 → 楽
無我 → 我
不浄 → 浄

お釈迦様は、世の中は無常であると、そして無常は苦しみであると言いました。そして、我という独立したものは存在しない、決して浄らかなものではないと説いたのです。しかし、顛倒とは、下段にあるようなものの見方です。そのような見方は誤ったものの見方なのです。

昨日も今日も変わらない、来年も今年と同じように続くであろう、ずっと変わらないと、私たちは思い込んでいます。また、仏教では苦しみと説くけれども、結構楽しみもあるではないかと。無我、無我と言うけれども、自分はこうして現に存在している。世の中は不浄だと言うけれども、きれいなもの、美しいものはいろいろあるではないかと。しかしこれらは誤ったものの見方で、執着です。自分の願望が強いのです。ですから、そのようなものから離れていきます。離れたところに、永遠の平安、安らぎがあるのです。

とてつもなく大きな世界

般若心経を説き直すに当たって、古いものから最近のものまで、いろいろと参考にするなかで、これはなかなかいい言葉だと思って書き写した文章があります。学術書ではありませんが、大変面白い本でした。ちょっと別の観点から説かれている本です。

般若心経のすごいところは、空不異色、色不異空、色即是空、空即是色などと、色と空を何度も入れ替える表現や、〝同じ〟ということを〝異なるものではない（離れたものではない）〟などと言い換えて反復することで、色と空との区別さえぼんやりしてきて、「ある」でもない、「ない」でもないまでを飛び超えてしまい、とてつもなく大きな世界に人をいざなう呪文だということです。

（佐治晴夫『マンガで読む14歳のための現代物理学と般若心経』春秋社）

般若心経のすごいところは、「色」や「空」を絶えず入れ替えたり、同じだと言ったり、異なるものではないと言ったり、反復のような言葉を何遍も何遍も繰り返すところにあるというのです。そのようなものを言葉どおり受け止めて、どう解釈したらいいのかと理詰めで追いかけようとすると、難しくなってくるのでしょう。それで、ここで言われているようなことが本質を突いています。「色と空との区別さえぼんやりとしてきて、『ある』でもない、『ない』でもないまでを飛び超えてしまい、とてつもなく大きな世界に人をいざなう呪文だということ」、このような感覚です。

あえて迷路のように迷わせるようにしておいて、そこの迷路を究めよう究めようとしても、ますます迷路になるのですね。その迷路を超えたところに安らぎがあるのだと。これはなかなかいいところを突いていると思いました。

空中の声

今日まで「空」の思想を学んできました。一切が空であると。しかし、その空にとらわれてもいけないということ、これも何度もお話ししてきたところです。『大般若経』には、常啼菩薩《じょうたい》の話が出ています。般若波羅蜜（智慧の完成）を求めて努力をするということが力強く説かれています。この般若経典は『八千頌般若経』とも言いまして、『禅関策進《ぜんかんさくしん》』に引用されていますが、般若経典の一番の大元となるものです。そこには、真実なるものを求めてひたむきに努力することが説かれています。このことを強調して終わりたいと思うのです。

空中に声あって、常啼菩薩に告げて言く、「汝、東行して般若を求めんに、疲倦を辞すること莫れ。睡眠を念うこと莫れ。飲食を思うこと莫れ。昼夜を想うこと莫れ。寒熱を怖るること。内外の法に於て、心散乱すること莫れ。行く時左右を顧視することを得ざれ。前後上下四維等を観ること勿れ」（『禅関策進』）

般若波羅蜜を求めていた常啼菩薩に、空中から声が聞こえました。

あなたは、これから東の方角へ般若（智慧）を求めてゆこうとするのに、疲れて嫌になってしまうことがあってはなりません。眠りたいと思ってはなりません。飲食のことを思ってはなりません。昼とか夜とかを思ってはなりません。寒さ熱さを怖れてはなりません。身体の外にあるものと、身体の内にあるもの（欲望）に対して心が乱れてはなりません。また歩行するとき左右をふりむいてはなりません。前後上下四維を見てはなりません。

「空」だからといって、そのままでいいのだと思って、ごろごろしているという生き方ではないのです。「その真実を求めるために、眠たいと思っても、努力をしなさい。何か飲みたい、何か食べたいという思いがあっても、それに振り回されずに努力をしなさい。昼や夜とも考えずに、努力をしなさい。暑さ寒さも恐れることなく、努力をしなさい。ひたすら道を求めて進んでいきなさい」ということが、強く説かれています。

般若心経には、残念ながら、そのようなところは省略されて、そうして到り得た世界だけが説かれているのですが、般若波羅蜜を求めるには、このようなことが元にあるのです。疲れて嫌になってしまうようなことがあってはいけません。眠りたいと思ってはいけません。飲食のことも思ってはいけません。昼や夜、暑さ寒さも恐れてはいけません。もう左右もよそ見もせずに、ひたすらひたむきに求めていくのです。その結果、般若波羅蜜の教えを受けるのです。

玄奘の旅路――不東

般若波羅蜜の教えを聞いて、そうやってこの般若経典は始まっていくのです。今、私たちはこうして、般若心経を皆さんと一緒に唱えて、勉強させてもらっています。しかし、その般若心経を、今こうして何気なく読める、それは命を懸けて道を求めた人のおかげであるということを忘れてはなりませんので、玄奘三蔵《げんじょうさんぞう》の話もさせてもらいたいと思います。

『広辞苑』を見ますと、玄奘三蔵は法相宗《ほっそう》、倶舎《くしゃ》宗の開祖となっています。六〇二年のお生まれでした。七世紀の前半です。二十七歳のときに長安を出て、インドに到りました。このときは、外国に行ってはいけないという国の法律がありましたから、それを破るというだけでも、命を懸けて出かけられたのです。そして帰ってくるまでに、実に足かけ十七年という歳月を費やしています。インドの国にたどり着くのには、丸三年かかっています。

そして、膨大なお経をインドから中国に持ってみえて、六十二歳まで翻訳に努められました。長い道をてくてく、てくてく、二本の足で歩いて歩いていったわけです。途中にタクラマカン砂漠などもあります。ヒマラヤ山脈がありますから、真っすぐ直接には行けないのです。ぐるりと大回りをしないといけないものですから、タクラマカン砂漠を越えて、ガンダーラというようなところからインドの方に入っていって、命を懸けてお経を持ってきたわけです。

そのようなお経を翻訳した方々には、鳩摩羅什《くまらじゅう》（三四四～四一三、又は三五〇～四〇九）、真諦《しんたい》（パラマールタ、四九九～五六九）、玄奘三蔵（六〇二～六六四）、不空《ふくう》三蔵（不空金剛、七〇五～七七四）がいらっしゃいます。特に鳩摩羅什という方も、これまた四世紀から五世紀にかけての方ですが、般若心経を既に翻訳しています。

玄奘三蔵の苦しみの道を物語るのは、『慈恩伝《じおんでん》』という書物にある、砂漠を越えたときの話です。身につまされるような話です。この玄奘三蔵の体験記を基に、かなり脚色して書かれたものが、皆さんもご承知の、あの『西遊記』なのです。実際に孫悟空がいたというわけではありません。あれは物語です。しかし、その基となるような体験がありました。

砂漠を歩いていき、どこどこに行けば泉があるというのですけれども、その泉は見つかりません。水を入れていた袋も砂漠で引っくり返してしまいました。しかも、道に迷ってしまいました。タクラマカン砂漠であれば、まだ旅の始まりですから、帰るという選択肢もあったと思います。しかしながら、玄奘三蔵は帰らないのです。

「先に誓ったではないか。インドに達するまでは一歩も東には帰らないと」と。この決意を「不東」といいました。東には戻らないと。たとえ転んだとしても、一歩でも西の方へ西の方へと行けば、必ずインド（天竺）に到るのだというのです。「何のためにここまで来たのか。東に向いて生きながらえるより」、東は退く方ですね、退いていって生きるよりも、「むしろ西に向かって死ぬべきである」と思い直して、先へ進んだのです。

その玄奘三蔵法師のお骨が、日中戦争のときに見つかったのです。そのお骨を日本に頂いて、今も奈良の薬師寺さまの玄奘三蔵院にお祀りされています。そこに確か高田好胤和上が「不東」という二文字を書いていらっしゃったと記憶しています。

玄奘の旅路――般若心経の伝承

その後、馬が泉のあるところまで導いてくれました。そのとき、水も飲めないで、ついに倒れてしまうというときに、玄奘三蔵は「観世音菩薩」を念じ、般若心経を唱えていたのです。この般若心経がどの般若心経かはよく分かりませんが、馬が池に導いてくれたときに玄奘三蔵が頼りとしたのは、観音様と般若心経でした。

そのもっと前には、法顕《ほっけん》という方もインドに行っています。法顕のときには、まだ般若心経がなかったのか、観音様を一心に念じて旅を続けています。この苦悩の世の中を生きていくには、やはり何か一心に声に出して、言葉を唱えて、それが大きな力になっていくのでしょう。

更に、悪鬼が玄奘三蔵を襲ってきました。鬼の実体が実際には盗賊のようなものなのか、幻のような現象であったのか、あるいは激しい気候の変動であったのかは分かりません。このとき観世音菩薩を念じたのですけれども、それではまだ駄目で、しかし般若心経を一心に唱えると、不思議なことにそれらは消えてしまったといいます。この般若心経を一心に唱え

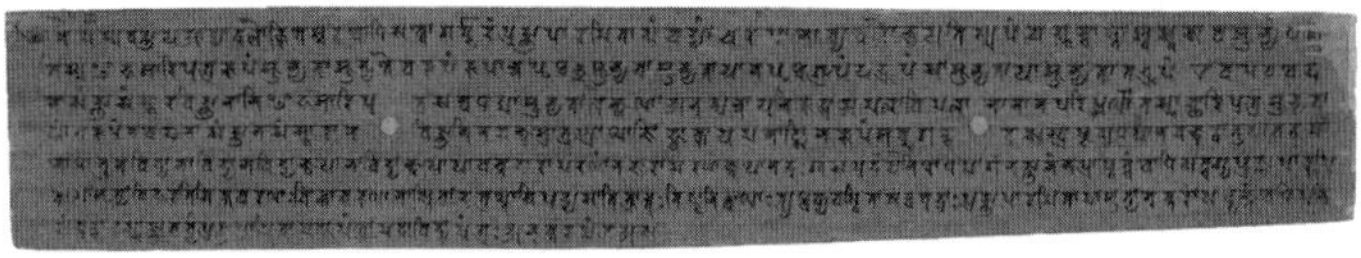

法隆寺に伝わった『般若心経』の古代インド写本

るということが、大きな力になっているのです。

玄奘三蔵は、中国の益州の寺の法師から、「インドまで行くのは遠い。その間、砂漠もあり、高い山脈もあり、難しい。しかし、般若心経を覚えていれば、その行き帰りを守ってくれるであろう」と、口伝てに般若心経を授かっていました。それが鳩摩羅什の訳した般若心経なのかどうか、これは分かりませんが、そのように般若心経を唱えながら、あの砂漠を越えていかれたのです。

さて、その般若心経の世界最古の原典が、何とわが国に残っていたのです。法隆寺にサンスクリットの写本が残っていました。お寺の伝承では、これは西暦六〇九年、小野妹子が伝来したと言うのですが、もしそれが事実だとすれば、あの玄奘三蔵法師がインドに行って帰ってくる以前のものが伝わっていたということになります。しかし今日の研究では、それは八世紀初頭の文字であることが判明しています。それでも、八世紀初頭ですから、まだ玄奘三蔵が亡くなってからそれほど遠くない頃の般若心経の原典が、なんとわが国の法隆寺に伝わっていたということです。

これも奇跡のようなことだと思います。私たちが今こうして、般若波羅蜜、般若心経に触れることができる、般若心経を学べる、般若心経を読むことができるのは、それだけで実にありがたく、素晴らしい幸せであり、喜びなのでしょう。

いかようにも変わりゆく

最後の最後に、もう少し、空の思想について、おさらいをしておきたいと思います。何が空であるのか。空とはどのようなことでありましょうか。

最初にも申し上げたように、私は専門で学んだのが中観派の仏教、般若中観の思想でしたので、般若心経を講義するにあたっても、どこまでも般若中観の立場で講義しようと思ったのです。しかしながら、「不生不滅」の辺りから、どうしても乗り越えがたい壁が現れてきます。中観の立場は、否定、否定、否定で、もうずっと、永遠と言っていいほど否定し続けていくのです。否定の先に何かあるということは決して言わないというところがあります。しかしその先にある、不生《ふしょう》なるもの、生ずることもなく滅することもない、ひとつながりにつながった大いなる命の世界、空の世界というものを説かないと、般若心経は説き得ないという壁にぶち当たりました。

やはり般若心経は、不生不滅の仏心の思想も説いて、そうして最後はマントラ（真言）の世界へと導いていくのです。なるほど、お釈迦様の教えから、般若中観の説を経て、大乗仏教が起きて、密教の教えに至るまで、実に一千年の仏教の歴史がこの二百数十文字に込められているのだということを、改めて学びました。

はじめの頃、お釈迦様は、我のない世界について説かれました。

自我に対する執着をうち破って、世界を空なりと感ぜよ。（スッタニパータ・一一一九）

何が空であるかというと、自我に対する執着、とらわれです。私というものが永遠にあり、この私がよく見られたい、私のものを増やしたい、私はずっと続いてほしいという、これが苦しみを生んでいるわけです。

しかし、その私たちが「我だ」と思っているような不変の本質はありません。すべてのものは、直接・間接、さまざまな条件が重なり合って、そうして初めて現れたものにすぎないのです。何ら実体のあるものはそこにはないのです。これを仏教では「無我」と説いたのでした。私たちが、今こうして自分だと思っているものもまた、実体のないものでしかありません。ですから、「自分のものだ」「自分はこう見られたい」、あるいは逆に「こんな自分じゃ駄目だ」というような、自分に対する過剰な執着は、むなしく誤っているものなのです。

先行の思想を否定して、新しい思想は生まれてきます。お釈迦様の教えは、バラモン教の「人は生まれながらの身分によって決まっている」というような生き方に対して、「違うのだ。そんな我というものは存在しないのだ。条件によって変わるのだ」と言ったのです。

　ところが昨年、「親ガチャ」という言葉が流行語か何かになったといいます。それを機に私は、般若心経を講義してみようと、心に火がついたといいましょうか。その言葉には、こんな親のところに生まれたのだから自分はこんなものだという、諦めのような響きが感じられました。

　そのようなことはないのです。自我そのものは、いろいろな要素の集合であって、条件によって変化するのです。我執を含む執着からの解放、自分中心の物の見方からの解放、これを強調したかったのです。

　自我とは、五蘊です。五つの条件が整って、仮にあるように見えているにすぎません。五蘊（五つのものの集まり）によって、仮に現れたにすぎない「因縁生」です。ですから、そこに変わることのない実体はないのです。そのようなことを「空」という言葉で表現しました。

　これは、竹村先生の的確な表現です。

空とは何かあるものにその自体・本体、それ自身としての永遠不滅の存在が無いことを言うのであって、その「何かあるもの」とは、結局、現象ということになってきます。そのように一切の現象に本体がないこと、空というあり方にあることはつまり普遍的な真理であって、その空というあり方のことを、空性といいます。

（竹村牧男『般若心経を読み解く』角川ソフィア文庫）

ですから、思うようにいかなくても、それは現象にすぎません。思うようにいかない私がずっとあり続けて苦しめられるということは、ないのです。

一切の現象に本体がないということ、空というあり方、それが普遍的な真理であり、それを「空性」と言いました。その「空性」という言葉が発展していって、「仏様の心」とか、「仏様の心は大慈悲の世界である」とか説かれるようになっていきました。そして般若心経では、究極それは真言、まことの言葉であるというように展開をしていったのです。

ですから、空性であるとは、一つは希望でもあると言えるのです。お釈迦様は言いました。

この世の中には四種類の人々がある。闇より闇に赴く人々。闇より光に赴く人たち、光より闇に赴く人たち、および光より光に赴くものがそれである。

自分の望まない境遇にある人もあろうかと思います。闇のような状態に生まれることも、そのような状態に落ち込むこともあるかもしれません。そのままずっと闇のなかを苦しみ続ける人たちもいるでしょう。しかし、固定した自我はないのですから、ここがお釈迦様の教えの大事なところで、ずっと闇に居続けるというものはないのです。

条件が変わることによって、私たちは闇から光へと変わることもできます。これ以上ない劣悪な環境、境遇に生まれながらも、立派な高僧になった、あるいは立派な業績を収めたような人は、世の中にたくさんいらっしゃいます。それは無我だからです。固定したものがないからです。

しかし、逆を言えば、よいところに生まれ、よい境遇に生まれ、何不自由ない暮らしをしていながら、その行いによって、言動によって、思いによって、闇へと転落をしていく場合もあるのが実際です。光より光に行けば、これは何よりのことでしょう。

ですから、一つには、こうして般若心経を学ぶということは、生きる希望にもなっていくと申し上げたいのです。無常であり、無我、それは変化します。固定した自我を認めませんので、いかようにも変わることができます。

空の道

では、具体的にどうしたら変わることができるのかというと、お釈迦様は「八正道」という実践を説かれました。

正しいものの見方です（正見）。いつまでもあると思ってはいけません。さんざん学んできた「無常」であり、「無我」です。この世は苦しみ、思うようになりません。このような正しいものの見方です。そのような見方によった思いです（正思）。お互いにつながり合った命ですから、人を傷つけるような言葉を使わない（正語）、人を傷つけるような行いをしない（正行）、人を傷つけるような生活は改めていく（正命）、そして正しく努力をしていく（正精進）、正しい思いを失わない（正念）、正しく精神を統一していく（正定）ことによって、人間はどのような闇にあっても、光へと変えていくことができます。

それから「六波羅蜜」も学びました。こちらは大乗仏教において、もう少し分かりやすく、一つには「施しましょう」という教え（布施）です。しかし大事なことは、私がしてやった、何々をしてあげたということにとらわれないで施すことでした。

よい習慣（持戒）とは、生き物を殺さない、人を傷つけない。そうしてよい習慣を身につけ、思うようにいかないことも耐え忍んで（忍辱《にんにく》）、努力をして（精進）、心を静めて（禅定）、そして、正しいものの見方（智慧）を完成させることによって、私たちはどのような境遇でも、どのような世の中でも、そこを光へと変えていくことができます。そのためには努力をしなければいけません。

やはりお釈迦様の教えの最後にあるのは、私は精進だと思います。空だから別に何をやってもしょうがないと、そのようには決してなりません。誤った執着、自我に対する執着によって苦しむのであるから、それを離れて生きるのです。なぜならば、お釈迦様自身が、八十歳のお年まで、あの灼熱のインドの大地を二本の足で歩き続けて、教えを説き続けて、最後まで努力をされた方です。それが、空であるからもういいやとはならないのです。永遠の努力です。

つとめ励むのは不死の境地である。怠りなまけるのは死の境涯である。
つとめ励む人々は死ぬことがない。怠りなまける人々は、死者のごとくである。
（法句経・二一）

このことをはっきりと知って、つとめはげみを能《よ》く知る人々は、つとめはげみを喜び、

聖者たちの境地を楽しむ。（同・二二）

そして、最後に言い遺された言葉はこれでしたね。

すべてのものは移ろいゆく
怠らず勤めよ

「すべてのものは移ろいゆく」。無常であり、空ということに通じます。「すべてのものは無常であり、移ろいゆくのだから、どうでもいい」とはならないのです。そうであるからこそ、私たちは勤め励まなければなりません。亡くなるに当たっても、お弟子たちに対してはこの一言を言い遺されました。私はここに、お釈迦様の真意があると思っています。

まことの呼びかけ

そう見ていくと、やはり最後の真言も生きてきます。歩む者、歩み続ける者に対する呼びかけ、賛歌で終わるわけです。

われわれも共に歩んでいこう。理想の世界の実現に向けて、一歩一歩、歩みを進めていこう。その力強い呼びかけの言葉が、あの「ギャーテーギャーテー　ハーラーギャーテー　ハラソーギャーテー　ボーディーソワカ」。このような言葉を唱えながら、玄奘三蔵法師が絶望の砂漠のなかで、光を信じて歩いたように、この渾沌とした世の中を、一歩一歩、やはり努力をしていくのです。

仏教は、やはり生きる教えです。二本の足で大地を踏みしめて歩む教えです。お釈迦様がそうだったのですから。それを捉え違えて、単に物事は空であると、それで終わってはいけません。確かに現代の物理学、量子力学などを見ると、物も存在しないというようなことは言われますが、安易にその教えだけに傾いてしまい、自分自身を変革させよう、努力をしようというような志に続いていかないのであれば、それは無益な議論になりかねないと思います。お伝えしておきたいと思っていたのは、そのようなところなのです。

終わりに、岩波文庫の『般若心経・金剛般若経』にある現代語訳を参考にしながら、私なりに意訳した般若心経を記しておきます。

偉大なる智慧の完成の心を説く教え

観自在菩薩は、実に奥深い智慧の完成の行を実践していたときに、この私や世界を構成している五つの要素は、空であり、実体のないものだと見究めました。そのことによってあらゆる苦しみから救われたのでした。

舎利子よ、この世に現れている物質的なものは現象であって、そこには実体がないのであり、実体がないからこそ、物質的な現象として現れているのです。物質的現象はそのまま空であり、実体のないものがそのまま物質的現象なのです。感覚や表象や意志や認識という心のはたらきもまた空であり、実体のないものです。

舎利子よ、この世のすべてのものは絶えず移り変って実体がないのであるから、生じることもなく滅することもなく、汚れることも清らかになるということもなく、増すことも減ることもないのです。

舎利子よ、実体がないという状態では、物質的現象もなく、感覚もなく、表象もなく、意志もなく、認識もありません。眼もなく、耳もなく、鼻もなく、舌もなく、身体もなく、心もありません。色かたちもなく、声もなく、香りもなく、味わいもなく、触れられる対象もなく、心であれこれ思う対象もありません。眼で認識する領域から意識の領域までもみなありません。

迷いもなく、迷いがなくなることもありません。老いも死もなく、また老いと死が尽きることもありません。

苦しみも、苦しみの原因も、苦しみを滅することも、苦しみを滅する道もありません。知ることもなく、得るところもありません。

何も得ることがないからこそ、道を求める者は智慧の完成によって心に何もとらわれるものがありません。とらわれるものがないので、恐怖がありません。あるゆる思いこみや誤ったものの見方から遠く離れて、究極の安らぎに入っています。

過去・現在・未来の仏たちは皆智慧の完成によってこの上ない正しい目ざめを得られました。

それゆえに知るべきであります、智慧の完成の大いなる神秘の真言、大いなる智慧の真言、この上ない真言、比類のない真言は、あらゆる苦しみを除いて、真実であり偽りのないものであることを。

それゆえに智慧の完成という真理の言葉を説いたのです。

その真言とは、次の言葉なのです。

ガテー　ガテー　パーラガテー　パーラサンガテー　ボーディ　スヴァーハー

（往ける者よ、往ける者よ、彼岸に往ける者よ、彼岸に全く往ける者よ、さとりよ、幸あれ。）

これが智慧の完成の心であります。

最後にお願いしたいのは、やはり無心に般若心経を唱えることです。分かろうとか、理解しなくてはなどと思わずにただ唱えるのです。無心に唱えると、般若心経が身体に染みわたってきます。

玄奘三蔵が命を懸けて伝えてくれたお経です。このお経の言葉すべてが真言であるとも言われます。音の響きもまた素晴らしいのです。無心になって、心を空っぽにしてただ唱えることをお薦めします。

またこの頃は写経をなさる方も多いので、お写経もよいものです。これも無心になって書き写すことです。

空の世界は、頭で解釈しようとすると却って遠ざかります。考え過ぎると迷ってしまうものです。空の世界は、どこか遠くにあるのではないのです。実に今この世界がそのまま空の世界なのです。空の世界のただ中に私たちは、今ひとときの命をいただいているのです。そう思えば命の尊さをしみじみと感じることができます。そうしましたら、その命を精いっぱい生きてゆきましょうという気持ちが湧いてくるのです。

そのようなわけで、これで私の般若心経の講義は終わりといたします。ずっとお付き合いくださった皆さま方、まことにありがとうございました。

あとがき

「親ガチャ」という言葉を耳にして、「よし、今こそ般若心経を説こう」と思い立って、花園大学で一年にわたって講義をしました。自分としては精いっぱいお話したつもりではありますが、やはり説けば説くほど真理からは遠ざかってしまうとの思いを免れません。

もっとも「空」は、頭で解釈するものではなく、やはり坐禅などの実践を通して体感することが大事なのです。

あれこれ考えることを一度やめておいて、頭を空っぽにして、ひとつのことに打ち込むのが、一番の近道であります。坐禅は場所もとらず、いつでもどこでもできますので、お薦めするのです。坐禅中では、手を足を組んでいますので、呼吸することしかありません。ただ呼吸にのみ集中していって、最後にはその呼吸も手放します。

呼吸の時にも頭のなかに溜まっていること、胸に抱えている思いや煩いも全部吐き出すつもりで吐いてゆきます。そして新鮮な空気が入るのに任せます。そうして繰り返していると頭も空っぽになります。身体もまるで空洞のようになってゆきます。とうとう身も心もこの大宇宙に溶け込んで、ひとつになってゆくのであります。なんの差別も区別もなく、とらわれも執着もない広い世界に遊ぶことができるようになってゆくのです。

この本をご縁に、無心に般若心経を読むとか、坐禅してみるとか、そんな体験をなさってくれたならば、これ以上のよろこびはありません。

拙い話をお読みくださり、ありがとうございます。

著者略歴

横田南嶺（よこた・なんれい）
臨済宗円覚寺派管長。花園大学総長。
1964年、和歌山県新宮市に生まれる。大学在学中に東京白山・龍雲院の小池心叟老師に就いて出家得度。1987年、筑波大学を卒業、京都建仁寺の湊素堂老師のもとで修行。1991年より鎌倉円覚寺の足立大進老師のもとで修行。1999年、円覚寺僧堂師家。2010年、円覚寺派管長。2017年、花園大学総長。2023年、公益財団法人 禅文化研究所所長に就任。
著書に『祈りの延命十句観音経』『禅と出会う』（以上春秋社）、『十牛図に学ぶ――真の自己を尋ねて』（致知出版社）、『二度とない人生を生きるために』（PHP 研究所）、『パンダはどこにいる？』（青幻舎）ほか多数。ラジオや講演会、円覚寺日曜説教など出演多数。また現在は YouTube などにて仏教や禅についての一口法話、ゲストを招いた対談、日々の「管長侍者日記」などを配信中。